1 Voci d'Italia

Scelta d

Gianfranco Radelli

Edizioni Scolastiche Bruno Mondadori

Il volume è stato realizzato da

Gianfranco Radelli / redazione
Franco Malaguti / struttura grafica
Editta Gelsomini / copertina
Annita Casolo / disegni

© Edizioni Scolastiche Bruno Mondadori, 1985
© Librairie Classique Eugène Belin, 1985
ISBN 2-7011-1021-1

Stampato presso la Milanostampa
di Farigliano (CN)

Ristampa			Anno				
8	9	10		94	95	96	97	98

Voci d'Italia è una raccolta di testi
di autori italiani, divisa in tre volumi,
utilizzabili anche separatamente.
Le difficoltà di lettura sono graduate in
progressione dal primo volume al terzo.

☐ Questo *primo volume* presenta
una scelta di testi particolarmente adatti
ad evidenziare i diversi e più comuni
usi della lingua nella pratica
comunicativa.
I cinque capitoli che lo compongono
trattano altrettanti usi tipici
del linguaggio: *descrivere, raccontare,
esprimere, conversare, informare.*

☐ La selezione dei brani e la parte
didattica che li accompagna aiutano
l'allievo a prendere familiarità con
le funzioni del linguaggio,
con le diverse modalità con cui ci si
esprime a seconda delle circostanze
e del fine da raggiungere.

☐ Ogni brano è corredato di note
esplicative e di una serie di esercizi
di comprensione del testo,
di conversazione e di approfondimento
della lingua.

Indice

1

Descrivere

Questo capitolo tratta uno degli usi del linguaggio più comuni: l'atto di descrivere. Gli esempi vanno dalla descrizione di ambienti e paesaggi a quella di animali, persone, sensazioni, attività.

2

Raccontare

Una scelta di brani molto brevi presenta diverse tipologie dell'attività narrativa: raccontare fiabe, storie, esperienze, memorie fino al racconto fatto a se stessi, il diario.

3

Esprimere

La funzione espressiva è tipica della poesia, ma si ritrova anche in molti esempi di prosa. Il capitolo raccoglie espressioni di atmosfere, sensazioni, stati d'animo, sentimenti, timori, speranze, pensieri...

Indice

4

Conversare

Le molteplici modalità d'uso del linguaggio, a seconda delle circostanze, dell'interlocutore ecc., appaiono con particolare evidenza nella conversazione. Il capitolo offre una selezione delle più comuni.

5

Informare

L'ultimo capitolo tratta le diverse tipologie dell'informazione: la divulgazione scientifica, il reportage, la notizia d'agenzia, le rubriche giornalistiche, le informazioni turistiche, gli annunci pubblicitari.

1

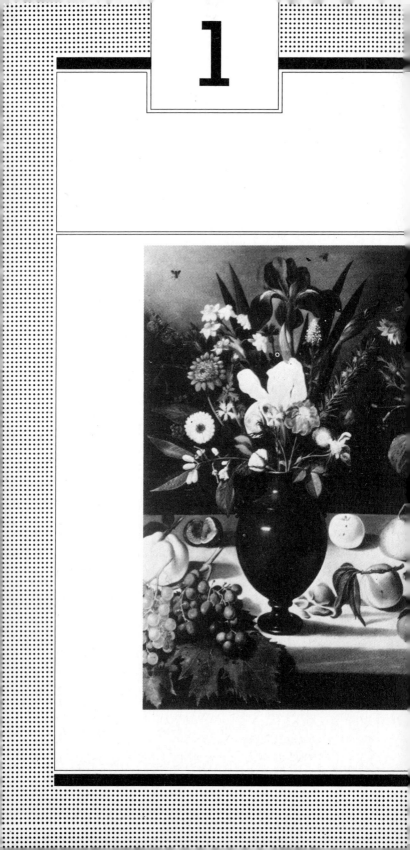

Caravaggio (1571-1610),
Natura morta di fiori e di frutti

Una casa di villeggiatura

Una casa per le vacanze: l'autore descrive soprattutto ciò che la rende diversa dalla sua casa di città. Vediamo che cosa.

Da anni ho una casa mia in alto, ad Anacapri,[1] una piccola casa umida, alla fine di un lungo e stretto giardino di frutta, che pure mi appartiene. Limoni, prugne, uva, pesche, noci, fichi. Un bellissimo albero di albicocche ombreggia[2] la facciata della casa. Si possono prendere i frutti allungando una mano da una finestra. Solo che dal giardino e dalle finestre non si vede il mare. L'aria è così leggera e quando piove la terra bagnata sprigiona[3] un odore indimenticabile e raro per chi, come me, vive in città. Tutto intorno non vi sono prati o aiuole fiorite, ma orti e vigne, boschi di limoni, nespoli e persino un melograno, che dalla proprietà confinante protende[4] un ramo verso il mio giardino.

Adattato da Ugo Pirro, *Mio figlio non sa leggere* (1981), Rizzoli, 1982.

1. **Anacapri:** piccolo comune nell'isola di Capri presso Napoli.
2. **ombreggia:** fa ombra.
3. **sprigiona:** diffonde, emette.
4. **protende:** spinge in fuori, in avanti.

Per comprendere il testo

1. Da quanto tempo l'autore possiede una casa di villeggiatura?
2. Oltre alla casa che cosa gli appartiene?
3. Quali alberi da frutto ci sono nel giardino?
4. Si vede il mare dal giardino? E dalla casa?
5. Perché l'odore della terra è "raro" per chi vive in città?
6. Quali coltivazioni ci sono attorno alla casa?
7. Quale albero manda i suoi rami nel giardino dell'autore?

Per conversare

1. Della sua casa di villeggiatura l'autore descrive soprattutto il giardino. Perché? .

2. In quali periodi dell'anno si usa andare in villeggiatura nel vostro paese? E in quali luoghi?

Per capire la lingua

1. **Scrivete il contrario dei seguenti aggettivi che avete trovato nel testo:**

piccola   grande   stretto   _____
umida   _____   leggera   _____
lungo   _____   raro   _____

e cambiateli di genere:

piccola   piccolo   stretto   _____
umida   _____   leggera   _____
lungo   _____   raro   _____

2. Bellissimo **è il superlativo assoluto di** bello, **formato aggiungendo all'aggettivo il suffisso** -issimo. **Come si fa il superlativo assoluto dei seguenti aggettivi?**

stretto   _____
celebre   _____
integro   _____
raro   _____
benevolo _____

3. **Nelle frasi che seguono sostituite il termine** bella **con un altro termine fra quelli proposti** (interessante - piacevole - entusiasmante - straordinaria).

1. Ha raccontato una **bella** storia.
2. Ha compiuto una **bella** impresa.
3. Ho assistito a una **bella** gara.
4. Ho passato una **bella** serata con gli amici.

4. Completate la tabella che segue.

l'albero		i frutti	
il	noce	le	noci
	limone	i	
il	prugno		
	susino	le	
l'	albicocco		
il			pesche
	vite	l'	
		i	fichi
	nespolo		
			melegrane

5. Frutta o frutti? Completate le frasi seguenti con l'espressione che vi sembra corretta.

1. .... del mio lavoro non mi hanno soddisfatto.
2. Porta in tavola .... che abbiamo raccolto.
3. Alla fine del pranzo ci hanno servito ....
4. Ecco................,..di una vita disordinata.
5. Buona questa marmellata di ....!

6. Rintracciate tutti i nomi presenti nel brano che riguardano la casa:

_____   _____

_____   _____

_____   _____

7. I termini casalinga – casolare – casato – casamento – casereccio **appartengono tutti alla famiglia di parole di casa; inseriteli negli spazi vuoti delle frasi seguenti.**

1. Questo pane .... ha un ottimo profumo.

2. Il mio amico ha acquistato un vecchio................................ in campagna.

3. Mia sorella è stanca di fare la .... e cerca lavoro.

4. Ho abitato a lungo in un brutto .... in periferia.

5. Quel signore è di nobile ....

10

Case di Lucania

La casa dei contadini di una delle più povere
regioni del Sud dell'Italia mezzo secolo fa.
L'autore viene da una grande città del Nord
e la osserva attentamente.

Le case dei contadini sono tutte uguali, fatte di una
sola stanza che serve da cucina, da camera da letto
e quasi sempre anche da stalla per le bestie piccole.
Da una parte c'è il camino, su cui si fa da mangiare con
pochi stecchi[1] portati ogni giorno dai campi: i muri e il
soffitto sono scuri pel[2] fumo. La luce viene dalla porta.
La stanza è quasi interamente riempita dall'enorme letto,
assai più grande di un comune letto matrimoniale: nel
letto deve dormire tutta la famiglia, il padre, la madre,
e tutti i figliuoli. I bimbi più piccoli, finché prendono il
latte, cioè fino ai tre o quattro anni, sono invece tenuti
in piccole culle o cestelli di vimini[3] appesi al soffitto con
delle corde, e penzolanti[4] poco più in alto del letto. La
madre per allattarli non deve scendere, ma sporge il
braccio e se li porta al seno; poi li rimette nella culla,
che con un solo colpo della mano fa dondolare a lungo
come un pendolo, finché cessano di piangere.
Sotto il letto stanno gli animali: lo spazio è così diviso in
tre strati: per terra le bestie, sul letto gli uomini, e
nell'aria i lattanti.

Carlo Levi, *Cristo si è fermato a Eboli* (1945), Einaudi, 1983.

1. **stecchi:** rami secchi.
2. **pel:** forma letteraria e arcaica: per il.
3. **vimini:** rami sottili e pieghevoli.
4. **penzolanti:** che pendono dall'alto (participio presente di
penzolare).

Per comprendere il testo

1. Quante stanze hanno di solito le case dei contadini lucani?
2. Quali usi vengono fatti della stanza?
3. Dove e con che cosa vengono cucinati i pasti delle famiglie contadine?
4. Di che colore sono i muri e il soffitto della stanza?
5. Qual è il mobile più grande?
6. Chi dorme nel letto?
7. Come sono tenuti i bambini finché sono lattanti?
8. In quanti strati è diviso lo spazio della stanza?
9. Dove stanno le bestie, gli uomini e i lattanti?

Per conversare

1. La descrizione della casa fatta da Levi vi ha dato un'idea delle condizioni di vita dei contadini lucani? Esprimetela.

2. Descrivete una casa di contadini del vostro paese.

Per capire la lingua

1. **Mettete al plurale i seguenti termini che avete trovato nel testo:**

stanza	stanze
camino	_____
soffitto	_____
luce	_____
padre	_____
culla	_____
pendolo	_____

2. **Ora con l'aiuto del vocabolario formate il plurale delle parole in nero nella colonna di sinistra e mettetelo al posto dei puntini nella colonna di destra.**

Ho acquistato un **paio** di forbici	Ho acquistato due .... di forbici
Un **uovo** costa 200 lire	Due .... costano 400 lire
Ho comprato una grande **valigia**	Ho comprato due grandi ....
Mi ha raccontato una **bugia**	Mi ha raccontato tante ....
Ho colto una **ciliegia**	Ho colto 1 kg di ....
Ho visto una **biscia** sul sentiero	Ho visto due .... sul sentiero
Tu sei il mio solo **amico**	Voi siete i miei soli ....

3. **Il termine** braccio, **che avete trovato nel testo, ha due plurali, con due significati diversi. Anche altre parole italiane hanno plurali diversi. Nelle seguenti frasi cancellate la forma di plurale sbagliata.**

Lo aspettava a
| bracci
| braccia   aperte

Quel ragazzo ha
| le membra
| i membri   forti

Il medico ricucì
| i labbri
| le labbra   della ferita

Il cervo ha grandi
| corni
| corna

Ha cambiato
| i lenzuoli
| le lenzuola   del letto

4. **Mettete al posto dei puntini la forma adatta della parola** tutto, **che avete trovato tre volte nel testo.**

1. .... il mondo è paese.
2. Noi .... vogliamo riposarci.
3. Ho speso .... lo stipendio per acquistare quel mobile.
4. I soldi sono .... qui.
5. Te lo dico una volta per ....
6. Sono partiti .... e due per le vacanze.
7. Una volta non c'erano .... queste comodità.
8. Voglio vincere quel premio a .... i costi.
9. Era .... sporco di fango.
10. Contenta lei, contenti ....

13

5. Una parola del testo che avete letto può avere tanti significati diversi. Cercatela e mettetela al posto dei puntini nelle frasi seguenti.

1. Dobbiamo agire per il bene ....

2. Gatto è un nome ....

3. È un'opinione .... che il fumo fa male.

4. Luigi è impiegato al .... di Milano.

5. Giorgio è un nostro .... amico.

6. È un personaggio fuori del ....

7. Mal .... mezzo gaudio.

8. Abbiamo fatto questo lavoro in ....

6. Un'altra parola è ripetuta diverse volte nel testo: letto. **Anche questa può avere significati diversi. Unite con una freccia le frasi nella colonna di sinistra con il loro significato spiegato nella colonna di destra.**

1. morire nel proprio letto   A. alzarsi presto

2. mettersi a letto   B. morire di morte naturale

3. cascare dal letto   C. andare a letto presto

4. andare   D. ammalarsi
   a letto con le galline

7. Alcune espressioni del testo fanno parte del linguaggio popolare. Sostituitele con altre espressioni.

1. Le case dei contadini **sono fatte di** una sola stanza.
2. Da una parte c'è il camino su cui **si fa da mangiare**.
3. I bimbi piccoli finché **prendono il latte**.

14

C'era...

La casa dell'infanzia rivive nel ricordo del
poeta ormai vecchio.

C'era, un po' in ombra, il focolaio;[1] aveva
    arnesi, intorno, di rame. Su quello
si chinava mia madre col soffietto,[2]
e uscivano faville.

C'era nel mezzo una tavola dove
versava antica[3] donna le provviste.
Il mattarello[4] vi allungava a tondo
la pasta molle.

C'era, dipinta di verde, una stia,[5]
e la gallina in libertà raspava.
Due mastelli, là sopra, riflettevano,
colmi, gli oggetti.

C'era, mal visto nel luogo, un fanciullo.
Le sue speranze assieme alle faville
del focolaio, si alzavano. Alcuna[6]
— guarda! — è rimasta.

Umberto Saba, *Il Canzoniere* (1921), Einaudi, 1980.

1. **focolaio:** focolare, la parte inferiore del camino, di pietra o
di mattoni, dove si accende il fuoco.
2. **soffietto:** attrezzo per spingere aria sul fuoco, per
accenderlo o ravvivarlo.
3. **antica:** vecchia.
4. **mattarello:** (o matterello) cilindro di legno usato per
spianare la pasta.
5. **stia:** gabbia per polli.
6. **Alcuna:** forma rara per *qualcuna*.

Per comprendere il testo

1. Che cosa c'era attorno al camino?
2. Come accendeva il fuoco la mamma del poeta?
3. A cosa serviva il mattarello?
4. Dove stava e che cosa faceva la gallina?
5. Perché i mastelli riflettevano gli oggetti?
6. Perché il fanciullo era "mal visto"?

Per conversare

1. Quale particolare stato d'animo vuole comunicare il poeta? Da che cosa lo si capisce?

2. Come definireste questa poesia: ottimista o pessimista? Perché?

Per capire la lingua

1. **Il tema della poesia è il passato. Segnate le espressioni che esprimono il passato.**

2. **Anche alcuni oggetti sono indicatori di un tempo passato; elencateli:**

focolaio
_____

_____

_____

_____

_____

3. **" po' "** (nel primo verso della poesia) **è la forma tronca di** poco. **Nelle frasi che seguono eseguite il troncamento, quando è possibile, nelle parole scritte in nero.**

1. Teneva un panno sulla spalla **a modo** di mantello.
2. **Fai** silenzio!
3. **Dimmi** la verità, sei stato tu?
4. Sei proprio **bene** vestito!
5. Sei vestito proprio **bene**!
6. Ho visto il **signore** Bianchi.
7. **Quale** è il liquore che ti piace di più?
8. Gli ho dato **uno** schiaffo.
9. **Stai** zitto!
10. Per **volere** mangiare troppo si è preso un'indigestione.

4. Le parole della casa. Assegnate ai termini in colonna i numeri che nel disegno contraddistinguono le relative parti della casa.

1. tetto
   soffitta o solaio
   facciata
   pianterreno o pianoterra
   primo piano
23. cantina
   muro
   parete
   soffitto
   pavimento
   scale
   portone
   porta

comignolo
parafulmine
antenna TV
terrazzo
cucina
camera da letto
sala da pranzo
corridoio
bagno
finestra
balcone
ascensore

La mia isola

Un'isola cara all'autrice, un paesaggio quasi incantato, ma descritto con grande precisione.

Su per colline verso la campagna, la mia isola ha straducce[1] solitarie chiuse fra muri antichi, oltre i quali si stendono frutteti e vigneti che sembrano giardini imperiali. Ha varie spiagge dalla sabbia chiara e delicata, e altre rive più piccole, coperte di ciotoli e conchiglie, e nascoste fra grandi scogliere. Fra quelle rocce, che sovrastano[2] l'acqua, fanno il nido i *gabbiani* e le *tortore selvatiche*, di cui, specialmente al mattino presto, s'odono le voci, ora lamentose, ora[3] allegre. Là, nei giorni quieti, il mare è tenero e fresco, e si posa sulla riva come una rugiada.

Elsa Morante, *L'isola di Arturo* (1957), Einaudi, 1983.

1. **straducce:** vezzeggiativo: strade piccole e graziose.
2. **sovrastano:** stanno sopra.
3. **ora... ora:** un momento... un altro momento, a tratti... a tratti.

Per comprendere il testo

1. Come sono le strade dell'isola in collina e in.campagna?
2. Che cosa le delimita?
3. Che cosa cresce ai loro lati?
4. Come sono le coste dell'isola?
5. Quali uccelli fanno il nido fra le rocce sul mare?
6. Come sono i loro versi?
7. Come appare il mare nei giorni quieti?

Per conversare

1. Per le vostre vacanze preferite il mare o la montagna? Perché?

2. Andate spesso al mare? In quali occasioni?

3. Descrivete una località marina che avete visitato.

Per capire la lingua

1. **Il sostantivo "straducce" che avete trovato nel testo è un nome** alterato, **una parola che ha lo stesso significato del nome da cui deriva, ma con sfumature diverse ("stradina" è una strada piccola, "straduccia" una strada piccola e graziosa ecc.). Completate la seguente tabella.**

nome	diminutivo	vezzeggiativo	accrescitivo	peggiorativo
strada	stradina	straduccia	stradone	stradaccia
libro		libretto		
				omaccio
		ragazzetto		
			giovanotto	giovinastro
				casaccia

2. **Nelle seguenti coppie alcuni sostantivi sono** alterati**, altri terminano con i suffissi di alterazione ma non sono alterati, sono** falsi alterati. **Segnate con una crocetta i nomi alterati.**

1. mulino ☐
   muletto ☐

2. portello ☐
   portone ☐

3. tacchino ☐
   tacchetto ☐

4. mattino ☐
   mattone ☐

5. zampino ☐
   zampone ☐

6. boccone ☐
   bocchino ☐

7. fumetto ☐
   fumaccio ☐

8. graticola ☐
   gratella ☐

9. lampo ☐
   lampone ☐

3. Bosco, frutteto **e** vigneto **sono nomi collettivi, che indicano rispettivamente un insieme di piante d'alto fusto, di alberi da frutto e di vigne. Scrivete i nomi collettivi che indicano un insieme di:**

canne _____

pini _____

uccelli _____

scogli _____

tasti _____

bestie _____

soldati _____

persone _____

spettatori _____

vele _____

mobili _____

4. **Nel brano avete incontrato il termine** ora **nell'espressione** ora... ora **di cui avete trovato il significato in nota. Cercate di spiegare il significato della stessa congiunzione nelle seguenti espressioni, sostituendola con i termini qui indicati:** dunque – adesso – ma.

1. Tu affermi che ho sbagliato, **ora** io ti dimostro il contrario.

2. **Or** bene le cose stanno così.

3. **Ora** che sei rimasto senza soldi ti ricordi di me.

Fontamara

Un paese dell'Abruzzo come si presenta agli occhi di un visitatore attento.

A chi sale a Fontamara dal piano del Fùcino[1] il villaggio appare disposto sul fianco della montagna grigia brulla e arida come su una gradinata.[2] Dal piano sono ben visibili le porte e le finestre della maggior parte delle case: un centinaio di casucce quasi tutte a un piano, irregolari, informi,[3] annerite dal tempo e sgretolate[4] dal vento, dalla pioggia, dagli incendi, coi[5] tetti malcoperti da tegole e rottami d'ogni sorta.

La maggior parte di quelle catapecchie[6] non hanno che una apertura che serve da porta, da finestra e da camino. Fanno eccezione una diecina di case di piccoli proprietari e un antico palazzo ora disabitato, quasi cadente. La parte superiore di Fontamara è dominata[7] dalla chiesa col campanile e da una piazzetta a terrazzo, alla quale si arriva per una via ripida che attraversa l'intero abitato, e che è l'unica via dove possono transitare i carri. Ai fianchi di questa sono stretti vicoli[8] laterali, per lo più a scale, scoscesi,[9] brevi, coi tetti delle case che quasi si toccano e lasciano appena scorgere il cielo.

A chi guarda Fontamara da lontano l'abitato[10] sembra un gregge di pecore scure e il campanile un pastore. Un villaggio insomma come tanti altri.

Ignazio Silone, *Fontamara* (1930), Mondadori, 1985.

1. **piano del Fùcino:** zona paludosa dell'Abruzzo prosciugata nel secolo scorso.
2. **gradinata:** serie di gradini, scala.
3. **informi:** senza forma.
4. **sgretolate:** rotte, che hanno perso pezzetti di muro.
5. **coi:** con i.
6. **catapecchie:** case povere, cadenti.
7. **dominata:** sovrastata. La chiesa è l'edificio costruito più in alto di tutto il paese.
8. **vicoli:** strade strette e secondarie.
9. **scoscesi:** ripidi.
10. **abitato:** l'insieme delle case.

Per comprendere il testo

Segnate con una crocetta le risposte esatte.

1. Fontamara sorge
   - in cima alla montagna ☐
   - sul pendio della montagna ☐
   - ai piedi della montagna ☐

2. La montagna è
   - ricca di vegetazione ☐
   - scarsa di vegetazione ☐
   - priva di vegetazione ☐

3. Le case del paese sono disposte
   - tutte sullo stesso piano ☐
   - su piani diversi irregolari ☐
   - su piani diversi regolari ☐

4. Della maggior parte delle case del paese dalla pianura si vedono
   - i tetti ☐
   - le porte e le finestre ☐
   - le pareti ☐

5. Le case di Fontamara hanno quasi tutte
   - molti piani ☐
   - pochi piani ☐
   - un piano ☐

6. I muri delle case sono
   - lisci ☐
   - rovinati ☐
   - scolpiti ☐

7. I tetti delle case sono
   - puliti e intatti ☐
   - rotti e puliti ☐
   - rotti e sporchi ☐

8. La maggior parte delle case ha
   - porta, finestre, camino ☐
   - porta, finestre ☐
   - porta ☐

9. A Fontamara i carri possono passare per
   - poche vie ☐
   - tutte le vie ☐
   - una via ☐

10. La via che porta alla chiesa è
    - dritta in salita ☐
    - a curve in salita ☐
    - dritta in piano ☐

11. La maggior parte delle strade secondarie è
    - asfaltata ☐
    - a gradini ☐
    - di terra battuta ☐

12. Dalle strade secondarie
    - non si vede il sole ☐
    - si vede bene il sole ☐
    - si vede poco il sole ☐

13. Da lontano Fontamara appare come
    - un pastore con le pecore ☐
    - un pastore senza pecore ☐
    - tante pecore senza pastore ☐

14. Fontamara è un paese abruzzese
    - molto diverso dagli altri ☐
    - che assomiglia agli altri ☐
    - un po' diverso dagli altri ☐

Per conversare

1. Avete mai visto paesi simili a Fontamara? Descriveteli.

Per capire la lingua

1. Segnate con una crocetta il significato corretto dei seguenti termini:

brullo	spoglio	☐	arido	bagnato	☐
	verde	☐		umido	☐
	coperto	☐		asciutto	☐

laterali	che hanno molti lati	☐
	che sono a lato	☐
	che hanno due lati	☐

2. I termini diecina **e** centinaio **che avete trovato nel testo significano rispettivamente un insieme di dieci e di cento unità. Come si definiscono gli insiemi di:**

venti unità   _____

trenta unità   _____

settanta unità   _____

ottanta unità   _____

novanta unità   _____

mille unità   _____

3. Un paio **di uova significa:**

un cesto di uova	☐
due uova	☐
tante uova	☐

4. Una dozzina **di pere significa:**

14 pere	☐
16 pere	☐
12 pere	☐

5. Scrivete in lettere, per esteso, le seguenti quattro operazioni aritmetiche:

$2 + 2 = 4$ due più due uguale quattro

$2 - 2 = 0$ _____

$2 \times 3 = 6$ _____

$9 : 3 = 3$ _____

La pianura

Una pianura tutta segnata dal lavoro umano, ai confini con la palude. La descrizione è fatta con grande attenzione ai particolari.

Dove finiscono i colli comincia la grande pianura. Dapprima è stretta, chiusa fra i monti e il mare, ma poi si amplia[1] verso altri monti molto lontani. Guardando dai colli[2] nei giorni sereni, si vede la distesa dei campi,[3] che da un lato è limitata in distanza dalla linea del mare, e dall'altro lato pare non aver fine. Tuttavia raramente lo sguardo può arrivare lontano quanto il mare, perché quasi sempre una nebbia leggera è posata sui campi.

Fin dai piedi dei colli la terra della pianura è fertile. Gli uomini l'hanno divisa con fossi e filari[4] di gelsi[5] e di pioppi,[6] e la coltivano intensamente, con antico amore. Poi le vigne e i campi s'interrompono ai margini della palude.

La palude è una vasta zona di acquitrini[7] coperta da canne e da altre erbe e l'improvvisa diversità della vegetazione fa subito venire tristezza. Non vi sono case all'intorno, e una sola strada stretta e poco battuta[8] attraversa la palude su di una serie di terrapieni[9] collegati da vecchi ponti di mattoni.

Di lì nasce il fiume.

Adattato da Giuseppe Berto, *Il cielo è rosso* (1947), Rizzoli, 1980.

1. **si amplia:** si allarga.
2. **colli:** colline.
3. **la distesa dei campi:** l'estensione, l'insieme dei campi.
4. **filari:** file.
5. **gelsi:** alberi con piccoli frutti commestibili; le foglie venivano usate come nutrimento per i bachi da seta.
6. **pioppi:** alberi d'alto fusto, che crescono nelle zone umide. Il legno è usato per mobili e per l'estrazione di cellulosa.
7. **acquitrini:** zone di acqua stagnante.
8. **poco battuta:** poco frequentata, con scarso traffico.
9. **terrapieni:** tratti di terra ammassata e battuta.

Per comprendere il testo

1. Dove comincia la pianura?
2. Dove è più stretta e dove più larga?
3. Che cosa si vede guardando dai colli nei giorni sereni?
4. Da che cosa è limitata la distesa dei campi?
5. Lo sguardo può arrivare sempre fino al mare? Perché?
6. Come è divisa la terra della pianura? Come è coltivata?
7. Che piante vi crescono?
8. Che vegetazione cresce nella palude?
9. Che sentimento provoca?
10. Ci sono case vicino alla palude?
11. Si può attraversare a piedi la palude? Come?

Per conversare

1. Quali sono gli elementi che rendono diverse le due zone descritte dall'autore?

2. Vi sembra che nella descrizione delle due zone l'autore esprima sentimenti diversi? Quali? Da che cosa si capisce?

Per capire la lingua

1. **Nel brano avete trovato gli avverbi di tempo** dapprima, poi, raramente, quasi sempre, subito. **Costruite almeno due frasi con ciascuno di essi.**

2. **Fate lo stesso con questi altri avverbi:** tardi, presto, oggi, ieri, ieri sera, domani, dopodomani.

3. **Completate le frasi seguenti con le preposizioni articolate adatte, scelte tra le seguenti:** negli - negli - alle - dei - dei - sugli - dai - al - dal - del - alla - pei - nel - dalla - degli - degli - dagli.

1. .... loro banchi i ragazzi guardavano la lavagna.
2. Ho passato .... bei giorni al mare.
3. .... momento mi sono spaventato, ma poi la paura è passata.
4. Lo squillo .... telefono lo svegliò .... sonno.
5. Quella donna si è sacrificata .... suoi figli.
6. L'ho accompagnato .... stazione.
7. Ho conosciuto una ragazza .... occhi azzurri.
8. Aveva gli occhi persi .... vuoto.
9. Il sorriso le andava .... bocca .... orecchie.
10. Non ridete .... errori .... altri.
11. .... ultimi momenti temevo di perdere.
12. La vittoria .... nostri .... avversari è stata netta.
13. La nazionale italiana ha fatto un'ottima figura .... ultimi campionati di calcio.

4. **Questo brano di Giuseppe Berto è stato adattato. L'originale era tutto all'imperfetto. Provate a ricostruirlo.**

Dove *finivano* i colli *cominciava*...

Il gorilla

La descrizione di un esploratore: precisa, attenta, ma anche carica di emozione per l'esperienza vissuta.

Siamo ormai vicinissimi ai gorilla, lo capiamo da certi fruscii: stanno facendo la siesta[1] che segue l'abbondante pasto. Passa mezz'ora, un rumore di ramo spezzato ci dice che le grosse creature[2] hanno ripreso a muoversi. Avanziamo cautamente[3] nella loro direzione badando a non finire nel mezzo del branco, divenuto ormai sospettoso. Un cucciolo compare su un ramo e vi rimane sdraiato a guardarci. Ci arrestiamo a venti metri da lui...
Passano dieci minuti in cui si odono solamente alcuni scricchiolii.
Un'ombra scura, silenziosa, fa capolino[4] ogni tanto tra i rami e un forte puzzo si diffonde[5] nell'aria. Poi, d'un tratto, la foresta risuona di un terribile urlo. La macchia[6] davanti a noi si spalanca e irrompe un mostro gesticolante, ritto, alto almeno due metri. È a non più di sette passi da noi. Ha la bocca spalancata e orrenda, in cui biancheggiano enormi canini. Due occhi terribili brillano nel volto dall'espressione feroce e mentre la sua gola emette vibranti ruggiti, con le enormi braccia sussultanti[7] il gigante scaglia pugni nell'aria, verso il cielo, poi, ritmicamente, si percuote il petto che rimbomba come un tamburo. È una scena terrificante che dura parecchi secondi, ma la mia sorpresa è tale che non riesco a scattare una sola fotografia.

Walter Bonatti, in "Epoca", Mondadori.

1. **siesta:** breve riposo pomeridiano.
2. **creature:** tutti gli esseri viventi; qui sta per animali.
3. **cautamente:** con prudenza.
4. **fa capolino:** spunta, appare brevemente.
5. **si diffonde:** si sparge.
6. **macchia:** fitta boscaglia.
7. **sussultanti:** dai movimenti bruschi.

Per comprendere il testo

1. Gli esploratori capiscono che i gorilla sono vicini
   - dalle ombre ☐
   - dall'odore ☐
   - dai rumori ☐

2. Branco significa
   - gruppo di animali ☐
   - coppia di animali ☐
   - famiglia di animali ☐

3. I gorilla si muovono
   - tutti insieme ☐
   - a piccoli gruppi ☐
   - a due a due ☐

4. I gorilla giunti vicini agli esploratori
   - li aggrediscono ☐
   - li osservano ☐
   - li spiano ☐

5. I gorilla diffondono
   - un buon odore ☐
   - nessun odore ☐
   - un cattivo odore ☐

6. Dalla macchia esce un gorilla
   - pauroso ☐
   - indifferente ☐
   - minaccioso ☐

7. Il gorilla è
   - piccolo ☐
   - medio ☐
   - grande ☐

8. I denti del gorilla sono
   - neri ☐
   - bianchi ☐
   - gialli ☐

9. Il gorilla
   - si agita ☐
   - sta fermo ☐
   - si muove lentamente ☐

10. La scena descritta dura
    - molto ☐
    - poco ☐
    - pochissimo ☐

11. Al gorilla l'autore scatta
    - poche fotografie ☐
    - nessuna fotografia ☐
    - molte fotografie ☐

Per conversare

1. Avete visto qualche animale selvatico? Parlatene.

Per capire la lingua

1. **Segnate con una crocetta il significato che hanno le espressioni con il verbo** dire **nelle frasi seguenti.**

   1. Un rumore **ci dice che...** hanno ripreso a muoversi
      - ci fa capire ☐
      - ci informa ☐
      - ci comunica ☐

   2. **Gliene ha dette** tante
      - gli ha raccontato molte cose ☐
      - gli ha rivolto tante offese ☐
      - gli ha dato tante cattive notizie ☐

3. **E dire che** ci ho messo tanto impegno

mi dispiace dato che
ci ho messo tanto impegno ☐
sono contento perché
ci ho messo tanto impegno ☐
ti dico che
ci ho messo tanto impegno ☐

4. **Volevo ben dire** che non potevi

sapevo
che non potevi riuscirci! ☐
volevo farti sapere
che non potevi riuscirci ☐
volevo spiegarti bene
perché non potevi riuscirci ☐

5. **Non dico di no**, ma mi dispiace

mi dispiace,
ma non sono d'accordo ☐
sono
d'accordo, ma mi dispiace ☐
non so
cosa dire, ma mi dispiace ☐

6. Questo quadro **non dice** nulla

è privo di interesse ☐
ha colori poco evidenti ☐
piace a poche persone ☐

7. **Non vuol dire!**

ha poca importanza ☐
vuole stare zitto ☐
non vuole rispondere ☐

8. **Digli di tornare subito!**

suggeriscigli di tornare ☐
ordinagli di tornare ☐
pregalo di tornare ☐

9. L'esperienza **mi dice** che andrà tutto bene

mi fa dubitare ☐
mi fa presumere ☐
mi fa riflettere ☐

10. **Trova sempre qualcosa da dire** su tutto

conosce tanti argomenti ☐
è sempre
d'accordo su tutto ☐
non è mai
d'accordo su niente ☐

2. **Le parole della foresta. Riempite le caselle dello schema secondo le definizioni. Alla fine, nella colonna segnata in nero, leggerete il nome di un romanzesco personaggio della giungla.**

1. Quelli della foresta sono particolarmente noiosi.
2. Pendono dagli alberi come corde.
3. Animali feroci.
4. I denti delle belve.
5. Nella foresta è molto fitto.
6. Le case degli abitanti della foresta.

29

Una coppia di merli

Il bagno di due uccelli descritto con grande vivacità da un acuto osservatore.

O gni pomeriggio, nella vaschetta che è nel mezzo del giardino, vengono a fare il bagno gli uccelli. Vengono per primi due merli.[1] Si avvicinano tutti e due alla piccola vasca, che s'apre a fior dell'erba[2] tenera sotto un rubinetto a doccia, e pare che vogliano bisticciarsi[3] per fare il bagno.

Sono una coppia; maschio e femmina. Il tepore dell'aria, le intimità[4] fra i due e le stesse irrequietezze mentre si bagnano, li scoprono fidanzati.[5] Ma la femmina, che forse sente avvicinarsi il tempo d'esser moglie, è già prepotente e sicura del fatto suo. Vuol bagnarsi lei, da sola; e non ammette intrusioni![6]

È dentro la vasca: e volta con poco pudore il didietro, alzando la coda, frugolandosi[7] ben bene nell'acqua, e già esce una prima volta dalla vasca per sprimacciarsi[8] e riposarsi un po'; ma appena l'altro, che finora è rimasto attonito[9] spettatore, accenna a entrar lui, subito lei lo precede, rituffandosi dentro con gran risolutezza[10] e rivoltandosi[11] pronta con una beccata, se per caso il compagno osa mostrar la voglia di fare un bagno a due. No: entro l'acqua vuol essere sola.

Soltanto quando ha finito di guazzare[12] a suo comodo la

1. **merli:** uccelli dal piumaggio nero (il maschio), marrone scuro (la femmina) e dal becco giallo.
2. **a fior dell'erba:** a livello dell'erba.
3. **bisticciarsi:** litigare.
4. **le intimità:** i comportamenti familiari e affettuosi.
5. **li scoprono fidanzati:** rivelano, fanno capire che sono fidanzati.
6. **intrusioni:** interventi di estranei, da "introdurre" (nell'acqua).
7. **frugolandosi:** muovendosi, agitandosi.
8. **sprimacciarsi:** scuotere le penne e le piume.
9. **attonito:** sbalordito, immobile per lo stupore.
10. **risolutezza:** decisione.
11. **rivoltandosi:** voltandosi di scatto.
12. **guazzare:** agitarsi nell'acqua.

merla se ne va, con un fischio acuto di soddisfazione, a rasciugarsi, passando rapida con un volo ironico,[13] sotto il naso dell'innamorato e... di me, che sono stato a guardarla dietro il cancello.

Solitario e malinconico, adesso che la vasca è rimasta vuota, incomincia a prendere il bagno il merlo, tutto solo eppur frettoloso, per raggiungere presto l'amica. Che intanto l'aspetta.

Bonaventura Tecchi, *Storie di bestie* (1957), Bompiani, 1983.

13. **ironico:** che prende in giro, mette in ridicolo, deride; beffardo.

Per comprendere il testo

1. Quando vanno a fare il bagno gli uccelli?
2. Quali uccelli arrivano prima?
3. Dove fanno il bagno?
4. Da che cosa si capisce che sono una coppia?
5. Chi entra per primo nella vasca?
6. Che cosa fa nell'acqua?
7. Come si comporta la femmina se il maschio vuole entrare nella vasca con lei?
8. Che cosa fa la femmina quando finisce il bagno?
9. Quando entra nella vasca il maschio?
10. Come si comporta?
11. Che cosa fa intanto la femmina?

Per conversare

1. Descrivete il comportamento di un uccello o di un altro animale che conoscete bene.

2. Una scenetta vista ai giardini: raccontate.

31

Per capire la lingua

1. Completate le frasi seguenti aggiungendo le desinenze che mancano.

1. Vengono per prim... due merli.
2. Per second... vengono due tortore.
3. Bambine, chi di voi è interessat... a questo gioco?
4. Come siete noios..., ragazzi!
5. Giorgio e Luisa sono andat... via.
6. Elena e Carlo sono arrivat... presto.
7. Al giardino botanico ho visto piante e fiori bellissim...
8. Le case e i negozi di quest... via sono tutt... vecch... e sporch...
9. Tutt... i fiori sono profumat...
10. È severo con tutt... i suo... alunn...
11. È buono con ogni su... alunn...
12. È gentile con qualche su... alunn...
13. È arrabbiato con ciascun... su... alunn...

2. Segnate con una crocetta i significati esatti delle espressioni in cui appare il termine fiore **nelle frasi seguenti.**

1. Quell'uomo è **un fior di mascalzone**	non è un mascalzone	☐
	è un mascalzone	☐
	è un grande mascalzone	☐
2. Questa antologia raccoglie **il fior fiore** della poesia italiana	raccoglie i componimenti più brevi	☐
	raccoglie i componimenti più belli	☐
	raccoglie i componimenti che parlano di fiori	☐
3. Quella ragazza è **una bellezza in fiore**	è bella come un fiore	☐
	sta diventando bella	☐
	è al massimo della sua bellezza	☐
4. È **nel fiore degli anni**	è giovane	☐
	è anziano	☐
	è vecchio	☐
5. La rana nuotava **a fior d'acqua**	in profondità	☐
	sotto la superficie dell'acqua	☐
	alla superficie dell'acqua	☐
6. Parlava **a fior di labbra**	senza muovere le labbra	☐
	sottovoce	☐
	lentamente	☐

Il puledro

La nascita di un puledro descritta con commozione e simpatia.

Valentina spesso andava a vedere la cavalla Zelinda, ch'era ingrossata e aveva la pelle lustra[1] e tirata come un frutto maturo. Non c'era bisogno di essere un intenditore per capire che il parto era imminente.[2] La cavalla batteva lo zoccolo, rimuoveva la paglia, poi guardava Valentina coi suoi grandi occhi, come se aspettasse un aiuto.

Angelo e Valentina prima di andare a dormire coprirono Zelinda con una morbida coperta da scuderia.

A letto non riuscirono a prendere sonno. A un tratto si udì un breve nitrito del puledro, un nitrito chiaro, infantile.

Scesero di corsa le scale: Sofia afferrò la lucerna[3] e alla luce rossastra apparve il puledrino ancora tutto bagnato, ritto quasi per miracolo sulle lunghe gambe tremanti. La madre lo leccava senza sosta per asciugarlo. Il puledro fece di nuovo sentire il suo nitrito.

Tutti i bambini del vicinato[4] andavano a vedere, e stavano ammirati a guardarlo dietro le sbarre del cancelletto di legno, sotto la vigilanza[5] di Valentina.

Il puledrino stava già ritto sulle esili[6] gambe e faceva perfino qualche passo. La madre, spingendolo col muso, lo scostava da sé, ma lui si voltava solo quanto bastava per insinuare la testa e mettersi a succhiare, scotendo di piacere il codinzolo[7] biondo. Era magrissimo, con un testone ossuto, e come sua madre era sauro[8] e aveva una lunga stella bianca che dalla fronte gli scendeva fino al muso roseo e morbido.

Giuseppe Dessì, *Paese d'ombre* (1972), Mondadori, 1984.

1. **lustra:** lucida.
2. **imminente:** prossimo.
3. **lucerna:** lume portatile, a olio
4. **vicinato:** abitanti delle case vicine.
5. **vigilanza:** sorveglianza.
6. **esili:** sottili, gracili.
7. **codinzolo:** piccola coda.
8. **sauro:** di colore rossiccio o biondo.

Per comprendere il testo

1. Dove andava Valentina per vedere la cavalla?
2. Poche sono le parole che riguardano la stalla, quali?
3. Più numerose sono le parole che descrivono i due cavalli, cercatele.
4. Da che cosa si capisce che la cavalla Zelinda sta per partorire?
5. Cosa fanno Angelo e Valentina prima di andare a letto?
6. A letto si addormentano subito?
7. Come si accorgono che è nato il puledro?
8. Cosa vedono quando entrano nella stalla?
9. Cosa sta facendo in quel momento la cavalla?
10. Chi sorveglia i bambini del vicinato? E perché?
11. Com'è il puledro?

Per conversare

1. Come sarà una coperta da scuderia?
2. Se Sofia afferra una lucerna, è perché nella stalla manca... che cosa?
3. "I bambini stavano ammirati": anche a voi piacciono i cavalli? Perché?
4. Avete mai posseduto un animale? Descrivetelo e raccontate un episodio che lo riguarda.

Per capire la lingua

1. **Osservate le vignette e completate le didascalie con le forme adatte del verbo** battere, **che avete trovato nel testo. Sostituite poi le espressioni idiomatiche con altri verbi che ne spieghino il significato.**

a) Luca è tornato a .... cassa da suo padre.

batter cassa = chiedere soldi

Luca è tornato a chieder soldi a suo padre.

b) Tutto il pubblico in piedi .... le mani.

_____

_____

c) Le navi.................................... bandiera italiana.

d) Lia studia con impegno, ma Aldo .... fiacca.

e) Il ladro se la........................ in silenzio.

f) Il nostro esercito ha .... il nemico.

g) Il nostro campione ha .... l'avversario sul filo d'arrivo.

2. Con l'aiuto del vocabolario spiegate il significato di queste altre frasi idiomatiche.

1. Non saper
   dove battere il capo. _____

2. Battersi il petto. _____

3. Non batter ciglio. _____

4. In un batter d'occhio. _____

5. Battere
   il ferro finché è caldo. _____

6. La lingua
   batte dove il dente duole. _____

3. Le voci degli animali. Completate la tabella secondo l'esempio.

animale	verso	verbo
cavallo	nitrito	nitrire
elefante		barrire
	muggito	
pulcino		
	abbaio	
gatto		
		cinguettare
	squittio	
		belare
leone		
	bramito	

Un vecchio buffo

Ritratto di un vecchio disegnato con poche immagini vivaci.

Era un uomo sulla sessantina,[1] grassoccio, di statura media[2] ma con le gambe così corte che per coprirsi il sedere doveva portare giacche lunghe come un soprabito. Sembrava uno strumento musicale, un bombardino,[3] o un'altra cosa senza gambe come il contatore del gas.[4] Sul naso e sulle guance gli affioravano piccole vene azzurre e scarlatte,[5] e sul labbro gli spuntavano rari e grossi peli come alle vecchie.

Piero Chiara, *Con la faccia per terra* (1972), Mondadori, 1980.

1. **sulla sessantina:** di circa sessant'anni.
2. **di statura media:** né alto né basso.
3. **bombardino:** strumento a fiato di ottone.
4. **contatore del gas:** apparecchio a forma di scatola che misura il consumo del gas negli appartamenti.
5. **scarlatte:** rosso vivo.

Per comprendere il testo

1. A che cosa somigliava il vecchio?
2. Che cosa aveva sulle guance e sul naso?
3. E sul labbro?

Per conversare

1. Provate a descrivere il volto di un vostro amico.

Per capire la lingua

1. **Trascrivete il brano al presente.**

2. **Assegnate ai termini in colonna i numeri che contraddistinguono i particolari del disegno.**

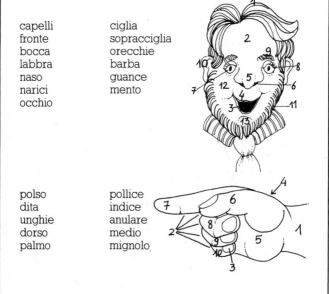

capelli	ciglia
fronte	sopracciglia
bocca	orecchie
labbra	barba
naso	guance
narici	mento
occhio	

polso	pollice
dita	indice
unghie	anulare
dorso	medio
palmo	mignolo

testa	gomiti
collo	fianchi
petto	vita
spalle	gambe
braccia	ginocchi
avambracci	piedi
mani	

Alessia

Descrizione fisica e psicologica di una bambina di poco più di un anno.

Alessia ha tredici mesi. È tonda, soda, colorita, provvista di due gambe corte e solidissime: ha gli occhi azzurri vivaci e mobilissimi ed è quasi pelata.[1] Frequenta un nido[2] da quando aveva pochi mesi e arriva ogni mattina felice, strappandosi di dosso[3] il cappotto per la voglia di entrare. Ha imparato a camminare a dieci mesi, ora procede a gran velocità[4] e cade spesso, anche con esiti rovinosi[5] dei quali però non si lamenta mai. Si rialza e riparte sempre pronta a nuove avventure.

Sale e scende le scale velocemente con un minimo di appoggio, si arrampica su ringhiere, muretti, cancelli, sedie, panchine e sulle gambe di chiunque le dimostri simpatia. È sempre indaffaratissima,[6] concentrata in quello che fa. Trascina pesi e volumi più grossi di lei, diventa paonazza[7] per lo sforzo di fare tutto da sola, ma rifiuta di essere aiutata. Mangia da sola e se qualcuno tenta di aiutarla lancia urla selvagge. Chiama "bimbo" tutti i bambini mentre non ha appellativi per gli adulti:[8] tranne che per la madre. Non è aggressiva con gli altri bambini che ama e ricerca molto, soprattutto quelli più grandi di lei. Li osserva a lungo mentre giocano, senza tuttavia partecipare ai loro giochi, e talvolta si insinua in gruppetti di bambini più grandi.

Alessia ha soltanto tredici mesi. È testarda, tenace, pa-

---

1. **quasi pelata:** con pochi capelli.
2. **nido:** (o asilo nido) asilo che accoglie i bambini fino a tre anni di età.
3. **strappandosi di dosso:** togliendosi con violenza e rapidità dal corpo (letteralmente: dal "dorso" = spalle, schiena).
4. **procede a gran velocità:** si sposta velocemente.
5. **con esiti rovinosi:** con risultati disastrosi.
6. **indaffaratissima:** molto occupata, affaccendata.
7. **paonazza:** rossa, violacea.
8. **appellativi per gli adulti:** nomi con cui chiamare, rivolgersi agli adulti.

ziente, fiera e dignitosa. Ha scarse debolezze, reclama[9] autonomia, se le si aprisse la porta di casa lei andrebbe alla ventura[10] senza incertezze, salvo[11] cercare ogni tanto conforto alle sue stanchezze in braccia amorevoli.

Elena Gianini Belotti, *Dalla parte delle bambine* (1973), Feltrinelli, 1985.

9. **reclama:** richiede, esige.
10. **andrebbe alla ventura:** affronterebbe il mondo senza paura.
11. **salvo:** tranne, eccetto.

Per comprendere il testo

1. Che età ha Alessia?
2. Da quando frequenta il nido?
3. Quando ci va?
4. È contenta di frequentare il nido?
5. A che età ha imparato a camminare?
6. Che cosa le succede quando cammina? E come reagisce?
7. Come si muove di solito?
8. Si impegna molto o poco nelle cose che fa?
9. Le piace essere aiutata nelle sue attività?
10. E in particolare quando mangia?
11. Quali persone indica con un termine preciso?
12. Quali bambini preferisce? Come si comporta con loro?
13. Che carattere ha?

Per conversare

1. Provate a riassumere le caratteristiche essenziali del carattere e del fisico di Alessia.

2. Avete frequentato anche voi un nido o un asilo? Avete qualche ricordo?

3. Che cosa ricordate dei vostri primi anni di vita?

4. Avete dei fratelli "piccini"? Parlatene. Oppure descrivete un bambino che conoscete.

Per capire la lingua

1. Raccogliete e distinguete in due colonne gli aggettivi che descrivono il fisico e il carattere di Alessia.

fisico	carattere
tonda	indaffaratissima

2. "Alessia ha tredici mesi": quanti anni sono?

3. Completate la tabella.

1 minuto	= 60 secondi	
1 ora	= 60	
....	= 24 ore	
1 settimana	= .... giorni	
1 mese	= .... giorni oppure .... giorni .... giorni	
....	= 12 mesi	
1 anno	= .... settimane	
1 anno	= .... giorni	
1 semestre	= .... mesi	

4. Collegate i termini quotidiano, settimanale, mensile, bimestrale, bimensile, annuale **alle relative definizioni.**

1. avviene ogni sette giorni _____

2. avviene ogni mese _____

3. avviene ogni giorno _____

4. avviene due volte al mese _____

5. avviene ogni due mesi _____

6. avviene ogni anno _____

5. Segnate il significato corretto dei seguenti termini trovati nel testo:

	qualche volta	☐
talvolta:	molte volte	☐
	parecchie volte	☐
	spesso	☐
ogni tanto:	raramente	☐
	a volte	☐

e formate tre frasi con ciascuno di essi.

6. "Alessia ha **tredici mesi"; "Ha imparato a camminare** a **dieci mesi"; "ora procede** a **gran velocità"**: riflettete su queste espressioni del testo ed eseguite i seguenti esercizi sull'uso dell'h.

Mettete l'h solo dove occorre.

1. Mi ...ai detto la verità?

2. Chi ...a detto che devo andare ...a casa?

3. ...anno deciso di andare in vacanza prima che finisca l'anno.

4. ...anno nuovo vita nuova.

5. ...avete ritirato lo scontrino?

7. Completate le frasi seguenti con le parole ho, hai, ha, hanno, o, ai, a, anno.

1. È passato un .... da quando mi sono sposato.

2. L' .... cercato ma non sono riuscito .... trovarlo.

3. Se .... tanta voglia ci riuscirà.

4. .... visto come .... reagito .... tuoi consigli?

5. Gli .... parlato molto chiaro: .... ubbidisce .... va via.

6. .... fatto di tutto per arrivare in tempo.

La *Lupa*

Un ritratto di donna particolarmente vivo ed efficace per l'uso di termini e immagini del linguaggio popolare, parlato.

Era alta, magra, aveva soltanto un seno fermo e vigoroso[1] da bruna[2] — e pure non era più giovane — era pallida come se avesse sempre addosso la malaria,[3] e su quel pallore due occhi grandi così,[4] e delle labbra fresche e rosse, che vi mangiavano.[5]

Al villaggio la chiamavano la *Lupa* perché non era sazia giammai[6] di nulla. Le donne si facevano la croce[7] quando la vedevano passare, sola come una cagnaccia, con quell'andare randagio[8] e sospettoso della lupa affamata; ella si spolpava[9] i loro figlioli e i loro mariti in un batter d'occhio,[10] con le sue labbra rosse, e se li tirava dietro alla gonnella solamente a guardarli con quegli occhi da satanasso.[11]

Giovanni Verga, *La Lupa* (1880), in *Tutte le novelle*, Mondadori, 1985.

1. **soltanto... fermo e vigoroso:** solamente il petto appariva sodo e robusto.
2. **bruna:** dai capelli neri.
3. **malaria:** malattia infettiva che provoca febbre, molto diffusa un tempo in Italia.
4. **grandi così:** molto grandi (espressione popolare).
5. **vi mangiavano:** sembravano volervi mangiare.
6. **giammai:** mai.
7. **si facevano la croce:** facevano il segno della croce per allontanare il pericolo.
8. **andare randagio:** andare solitario, senza una meta.
9. **spolpava:** consumava, distruggeva di passione.
10. **in un batter d'occhio:** in pochissimo tempo.
11. **satanasso:** diavolo.

Per comprendere il testo

1. Qual era il particolare più notevole del corpo del personaggio?
2. Che aspetto aveva il suo viso?
3. Com'era la sua bocca?
4. Come veniva chiamata la donna? Perché?
5. Come si comportavano le altre donne quando la vedevano?
6. Che effetto aveva sugli uomini?

Per conversare

1. Conoscete qualche personaggio letterario capace di scatenare grandi passioni? Parlatene.

2. Commentate le reazioni degli uomini e delle donne davanti alla *Lupa*.

Per capire la lingua

1. **Collegate le espressioni idiomatiche (frasi fatte) della colonna di sinistra con i loro significati – messi in ordine sparso – della colonna di destra.**

A. cadere sotto gli occhi
B. aguzzare gli occhi
C. gettare l'occhio su qualcosa
D. essere tutt'occhi
E. lasciarci gli occhi
F. tenere d'occhio
G. non voltare l'occhio un attimo
H. far tanto d'occhi
I. chiudere un occhio
L. crescere a vista d'occhio
M. sognare ad occhi aperti
N. a quattr'occhi
O. dar nell'occhio
P. far gli occhi dolci

1. stare molto attento
2. guardare con desiderio
3. sorvegliare
4. stupirsi
5. cercar di vedere
6. a tu per tu
7. guardare di sfuggita
8. crescere rapidamente
9. farsi notare
10. vedere per caso
11. non distrarsi
12. fingere di non vedere
13. fantasticare
14. fare lo sdolcinato, esagerare in moine, gesti affettuosi

Q. guardare con la coda dell'occhio
R. averne fin sopra gli occhi
S. perdere il lume degli occhi
T. un occhio della testa
U. a occhio e croce
V. aver occhio

15. facendo finta di niente
16. saper giudicare
17. perdere il controllo di sé
18. moltissimo
19. in modo approssimato
20. non poterne più

A	B	C	D	E	F	G	H	I	L	M	N	O	P	Q	R	S	T	U	V
10																			

Città d'estate

Strade e piazze deserte nei giorni festivi del periodo estivo: la città cambia aspetto e suscita sensazioni nuove, diverse.

La città semivuota mi pareva deserta. Il gioco dell'ombra e del sole l'animava[1] tanto, ch'era bello fermarsi e guardare da una finestra sul cielo e su un ciottolato.[2] C'erano gli alberi che bevevano il sole, c'era un grande silenzio.

A volte, in tutt'altra parte della città, c'era una piazza che mi attendeva, con le sue nuvole e il suo calmo calore. Nessuno l'attraversava, nessuna finestra s'apriva, ma s'aprivano gli sfondi delle vie deserte in attesa di una voce o di un passo. Se tendevo l'orecchio,[3] nella piazza il tempo si fermava. Era giorno alto.[4] Più tardi, alla sera, ci pensavo e la ritrovavo immutata.

Anche adesso la gente alla domenica va fuori di città. Le vie si vuotano come un'officina. Io passo il pomeriggio camminandoci, e ce ne sono di quelle dove in mezz'ora non si vede un'anima.[5]

C'è sempre qualche via più vuota di un'altra. Alle volte mi fermo a guardarla bene, perché in quell'ora, in quel deserto, non mi pare di conoscerla. Più che quelle lunghe e alberate della periferia dove potrei respirare un po' d'aria buona, mi piace girare le piazze e le viuzze del centro, dove ci sono i palazzi, e che mi sembrano ancora più mie, perché proprio non si capisce come tutti se ne siano andati.

Cesare Pavese, *Feria d'agosto* (1946), Einaudi, 1982.

---

1. **l'animava:** le dava vita.
2. **ciottolato:** (o acciottolato) il fondo stradale fatto di sassi.
3. **tendevo l'orecchio:** ascoltavo con attenzione.
4. **giorno alto:** pieno giorno, verso mezzogiorno.
5. **non si vede un'anima:** non si vede nessuno.

Per comprendere il testo

1. All'autore pareva
   che la città avesse
   - molti abitanti ☐
   - pochi abitanti ☐
   - nessun abitante ☐

2. All'autore, guardare
   il cielo e le strade
   - piaceva molto ☐
   - piaceva poco ☐
   - non piaceva ☐

3. Gli alberi
   - soffrivano il sole ☐
   - assorbivano il sole ☐
   - nascondevano il sole ☐

4. L'autore a volte
   cercava una piazza
   - piena di gente ☐
   - con poca gente ☐
   - senza gente ☐

5. Nella piazza si aprivano
   - le finestre delle case ☐
   - le strade deserte ☐
   - le porte delle case ☐

6. Nella piazza il tempo
   - passava veloce ☐
   - passava lentamente ☐
   - sembrava non passare ☐

7. Adesso, di domenica,
   le vie
   - sono piene
     di gente che va in officina ☐
   - sono vuote perché
     le officine sono chiuse ☐
   - sono vuote perché
     tutti sono usciti di città ☐

8. L'autore riconosce
   le vie vuote?
   - sì ☐
   - no ☐
   - qualche volta ☐

9. L'autore preferisce
   le strade e le piazze
   - del centro ☐
   - della periferia ☐
   - della campagna ☐

10. Le preferisce perché
    - vuol respirare aria buona ☐
    - gli piacciono i palazzi ☐
    - gli piace la gente ☐

Per conversare

1. Descrivete l'aspetto del vostro paese o della vostra città nei giorni festivi, d'estate e d'inverno.

2. Vi sembra che all'autore piaccia la città deserta oppure no? Che cosa ve lo fa pensare?

Per capire la lingua

1. **Il prefisso** semi **dà al termine "vuoto" il significato di "quasi vuoto", "mezzo vuoto", che avete trovato nel testo. Completate le frasi seguenti aggiungendo alle parole in nero il prefisso che vi sembra adatto in base alla spiegazione tra parentesi, scegliendo tra quelli qui elencati:** ambi - tri - bi - a - stra - super - stra - inter - dis - dis - fra - ri - ipo - iper - oltre - pre - retro - ante.

1. Ho acquistato un buon .... **ruggine** (che combatte la ruggine) per la mia auto (= antiruggine).

2. Quel signore si dichiara .... **politico** (senza idee politiche).

3. Ho uno zio .... **ricco** (molto ricco).

4. È un calciatore ..:............ **destro** (usa i due piedi allo stesso modo).

5. Se non conosci l'............... **fatto** (ciò che è avvenuto prima) non puoi capire il seguito.

6. Questo è un testo .... **lingue** (scritto in tre lingue).

7. La mia nuova moto è .... **colore** (di due colori).

8. Quell'atleta è .... **allenato** (troppo allenato).

9. Quel commerciante è ....:.... **onesto** (non è onesto).

10. Il rendimento della nostra squadra di calcio è .... **continuo** (irregolare).

11. Mi sono .... **pposto** (messo in mezzo) tra i due litiganti per dividerli.

12. Questo treno viaggia a una velocità .... **ordinaria** (superiore a quella solita).

13. A Roma è stato firmato un importante trattato .... **nazionale** (tra diverse nazioni).

14. Giorgio è .... **sensibile** (più che sensibile).

15. Segue una dieta .... **calorica** (con poche calorie).

16. Dopo tanti anni ho .... **visto** (visto di nuovo) Carlo.

17. Non devi .... **passare** (andare al di là) il confine.

18. Non ho ancora imparato a fare bene la .... **marcia** (andare indietro).

19. .... **metto** (dico prima) che non ero presente al fatto.

2. **Nel testo avete trovato un termine che può avere diversi significati. Inseritelo nella forma adatta (sia al singolare che al plurale) nelle frasi seguenti e spiegatene i vari significati.**

1. A .... mi sento triste senza una ragione.
2. Urlava e si agitava furiosamente: gli aveva dato di .... il cervello.
3. Davanti a casa mia la strada fa una .... ad angolo retto.
4. L'ho vista partire in moto alla .... di Milano.
5. Questa è la .... buona!
6. Una .... la pensavo in modo diverso.
7. La mia cantina ha il soffitto a ....
8. Li ha presi e caricati in macchina due alla ....
9. Non faccio mai programmi durante le vacanze, decido di .... in ....
10. Finiscila una buona ....!
11. Delle .... mi chiedo se mi ascolti quando parlo.

3. **Avete trovato in nota un significato del verbo** tendere; **con l'aiuto del vocabolario spiegate i diversi significati che assume nelle frasi seguenti.**

— Ho **teso** una corda fra due alberi. ·
— Se **tendi** ancora quell'elastico, si romperà.
— È un uomo capace di **tendere** le maggiori insidie.

4. **Nel testo avete notato l'uso di alcune particelle pronominali (camminandoci, ci sono, se ne siano andati). Trasformate le parti in nero delle frasi seguenti usando le particelle pronominali adatte, come nell'esempio, scegliendole tra quelle qui elencate:** ve lo - ci - ci - ci - vi - vi - ne - ne - ce - te - gliene.
Ecco i miei figli: *sono molto fiero dei miei figli* / Ecco i miei figli: *ne* sono molto fiero.

1. **Hanno chiamato noi** per **mostrare a noi** la loro nuova casa.
2. Non riesco a **convincere voi** delle mie ragioni.
3. **Ho sentito parlare di ciò,** ma non so **dire a voi** nulla di preciso.
4. Guardi che belle pesche! **Quante pesche vuole?**
5. **Hanno incontrato noi** sulla spiaggia.
6. **Parlo a lui** subito **di ciò.**
7. **Lo dirò a te** se prometti di stare zitto.
8. **Lo disse a noi** ridendo.
9. **Lo raccomando a voi.**

Una tazza di latte

Dolci ricordi ispirati da un gesto di cortesia.
Il protagonista dell'episodio è un soldato
italiano in Russia durante la seconda guerra
mondiale.

Quando la donna russa mi sveglia[1] è tardi, mi ha lasciato dormire mezz'ora di più. In fretta lego la coperta allo zaino,[2] rimetto in tasca le bombe a mano e in testa l'elmetto. Quando sono pronto per uscire la donna mi porge una tazza di latte caldo. Latte come quello che si beve nelle malghe[3] all'estate, o che si mangia con la polenta[4] nelle sere di gennaio. Non gallette e scatolette,[5] non brodo gelato, non pagnotte ghiacciate, non vino vetroso[6] per il freddo. Latte. E questa non è più naia[7] in Russia, ma vacche odorose di latte, pascoli in fiore tra boschi d'abete, cucine calde nelle sere di gennaio quando le donne fanno la calza e i vecchi fumano la pipa e raccontano. La tazza di latte fuma nelle mie mani, il vapore sale per il naso e va nel sangue. Bevo. Restituisco la tazza vuota alla donna dicendo: «Spaziba».[8]

Mario Rigoni Stern, *Il sergente nella neve* (1953), Einaudi, 1982.

1. **Quando... mi sveglia:** il gruppo dei soldati guidato dal protagonista durante la ritirata dalla Russia si era rifugiato in una casa di contadini per passarvi la notte.
2. **zaino:** sacco militare di tela che si porta appeso alle spalle con apposite cinghie.
3. **malghe:** stalle e abitazioni italiane d'alta montagna, usate dai pastori d'estate quando il bestiame viene portato ai pascoli più alti.
4. **polenta:** cibo contadino fatto di farina di mais cotta in acqua.
5. **gallette... scatolette:** pane biscottato duro e salato, che si conserva a lungo, usato dai soldati, le *gallette*; piccole scatole di latta contenenti carne conservata, le *scatolette*.
6. **vetroso:** con grumi di ghiaccio.
7. **naia:** termine popolare che indica il servizio militare.
8. **Spaziba:** grazie (in russo).

Per comprendere il testo

1. Chi sveglia il protagonista? E quando?
2. Che cosa fa la donna russa quando il soldato è pronto per uscire?
3. Che cosa mangia e beve abitualmente il soldato?
4. Quali cibi italiani gli vengono in mente bevendo il latte caldo? E quali ambienti?
5. Che cosa fanno le donne e i vecchi del suo paese nelle sere d'inverno?

Per conversare

1. Il soldato italiano è un nemico in terra russa. Ma come vi sembrano i rapporti fra lui e la contadina? Che cosa può spiegarli? Discutetene.

Per capire la lingua

1. **Il protagonista si è svegliato con mezz'ora di ritardo: cioè con quanti minuti di ritardo?**

   Completate le seguenti espressioni:

   un'ora   = ... minuti   un quarto d'ora   = ... minuti

   mezz'ora = ... minuti   tre quarti d'ora   = ... minuti

2. **Senza usare i numeri, dite che ora segna questo orologio (di giorno e di notte).**

   _____

   _____

   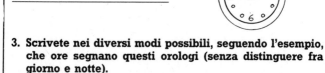

3. **Scrivete nei diversi modi possibili, seguendo l'esempio, che ore segnano questi orologi (senza distinguere fra giorno e notte).**

   Sei e quarantacinque
   Sei e tre quarti
   Sette meno un quarto

   _____ _____

   _____ _____

   _____ _____

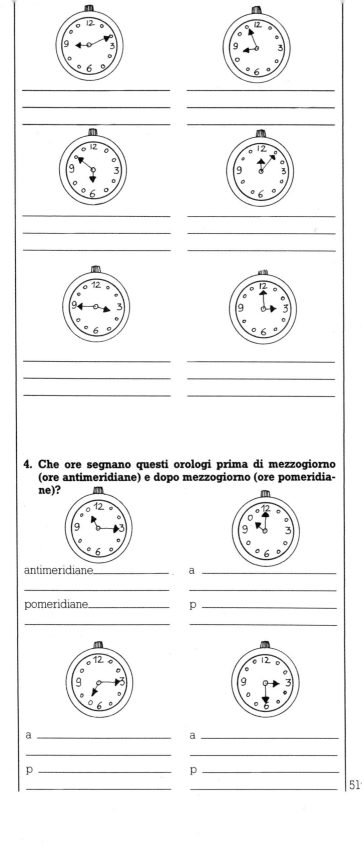

4. **Che ore segnano questi orologi prima di mezzogiorno (ore antimeridiane) e dopo mezzogiorno (ore pomeridiane)?**

antimeridiane_____   a _____

pomeridiane_____   p _____

a _____   a _____

p _____   p _____

51

5. Completate le frasi seguenti usando gli avverbi presto **e** tardi.

1. Se non ti alzi subito arriverai ....
2. Ieri sera ho fatto .... a cena.
3. Sono arrivato troppo .... all'appuntamento, Mario non c'era ancora.
4. Sono arrivato troppo .... all'appuntamento, Mario era già andato via.
5. Torniamo a casa, si sta facendo ....
6. Si fa .... a dirlo!
7. .... o tardi lo dovrà fare.
8. Ti scriverò il più .... possibile.
9. Al più .... sarò qui a mezzanotte.
10. .... e bene non vanno insieme.
11. Arrivederci a ....
12. Te lo farò avere al più ....

6. Le ore. Ci sono modi diversi di chiedere l'ora: dipendono dai rapporti fra gli interlocutori e dalle situazioni. Nel gruppo di frasi che seguono, tre si adattano alla prima scenetta, tre alla seconda: inseritele nei relativi fumetti vuoti.

Che ora è?

Che ore sono?

Scusi, che ore sono?

Che ora fai?

Può dirmi che ore sono per favore?

Scusi, può dirmi l'ora?

Ora inserite nel fumetto vuoto dell'interlocutore le possibili risposte adatte, scelte tra le seguenti.

Le quattro.

Non so,
il mio orologio è fermo.

Non so,
ho l'orologio fermo.

Mi dispiace,
sono senza orologio.

Le sei,
ma il mio orologio
va un po' avanti.

Certamente,
sono le quattro.

Sono le sette.

È l'una meno cinque.

7. **Le parole del soldato. Riempite le caselle dello schema secondo le definizioni. Alla fine nella colonna segnata in nero leggerete una frase ... pacifista.**

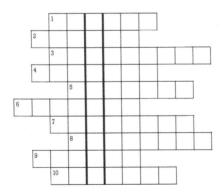

1. Il vestito del soldato.
2. L'arma del fante.
3. Può essere aerea, corazzata, navale, alpina...
4. Lo dà la sentinella.
5. Quello d'esecuzione fucila i traditori.
6. Fa accorrere tutti i soldati.
7. Comanda una compagnia.
8. La camera da letto dei soldati.
9. Il pasto in caserma.
10. La suona la tromba alla mattina.

Paolo Uccello,
Miracolo dell'Ostia profanata, 1465-69

Nerone e Berta

Storia di un personaggio del folclore europeo: Berta, una popolana di Padova che presentò alla moglie dell'imperatore Arrigo IV (1056-1106) un bel filato e ne ebbe in ricompensa tanto terreno quanto poteva essere circondato con quel filo.
L'accostamento con Nerone è caratteristico della versione romana.

Q uesta Berta era una povera donna che non faceva altro che filare,[1] perché era una brava filatrice. Una volta strada facendo[2] incontrò Nerone, imperatore romano e gli disse: «Che Dio ti possa dare tanta salute da farti campare[3] mille anni». Nerone, che nessuno lo poteva vedere[4] tant'era boia,* restò di stucco* a sentire che c'era qualcuno che gli augurava di campare mille anni, e rispose: «E perché mi dici così, buona donna?».[5] «Perché dopo un cattivo ne viene sempre uno peggiore.» Nerone allora le fece: «Be', tutto il filato che farai da adesso a domani mattina, portamelo al mio palazzo». E se ne andò.

Berta, filando, diceva tra sé: "Che ne vorrà fare di questo lino che filo? Basta che[6] domani quando glielo porto non lo usi come corda per impiccarmi alla forca! Da quel boia, c'è da aspettarsi di tutto!".

Ecco che la mattina, puntuale, si presenta al palazzo di Nerone. Lui la fa entrare, si fa dare tutto il lino che aveva filato, poi le dice:

«Lega un capo del gomitolo alla porta del palazzo e cammina fino a che è lungo il filo». Poi chiamò il maestro di casa[7] e gli disse: «Per quanto è lungo* il filo, la

---

* Vedi *Per capire la lingua*, esercizio 1.

1. **non faceva altro che filare:** filava sempre.
2. **strada facendo:** andando per la strada.
3. **campare:** vivere.
4. **che nessuno lo poteva vedere:** il *lo* è pleonastico, ridondante, caratteristico del linguaggio parlato, popolare.
5. **buona donna:** appellativo, come "buon uomo", con cui il potente si rivolgeva al popolano.
6. **Basta che:** purché.
7. **maestro di casa:** responsabile della conduzione della casa, maggiordomo.

campagna di qua e di là della strada, è tutta di questa donna».

Berta lo ringraziò e se ne andò tutta contenta. Da quel giorno in poi non ebbe più bisogno di filare perché era diventata una signora.

Quando la cosa si seppe per Roma,[8] tutte le donne che avevano da mettere insieme il pranzo con la cena,* si presentarono a Nerone sperando anche loro in un regalo come quello che aveva fatto a Berta.

Ma Nerone rispondeva: «Non è più il tempo che Berta filava».[9]

Fiabe italiane, raccolte e trascritte da Italo Calvino (1956), Einaudi, 1982.

8. **per Roma:** in giro per Roma.
9. **Non è più il tempo che Berta filava:** frase diventata proverbiale col significato di "sono passati i bei tempi".

Per comprendere il testo

1. Chi è Berta?
2. Che cosa augura a Nerone?
3. Perché?
4. L'imperatore si offende per le parole di Berta?
5. Di che cosa ha paura Berta?
6. Come viene misurato il terreno dato in dono a Berta?

Per conversare

1. Perché Berta ha paura?

2. Come si può spiegare l'insolita generosità di Nerone?

3. Inventate una storiella che possa chiudersi con la frase "Non è più il tempo che Berta filava".

Per capire la lingua

1. **Segnate il significato corretto delle seguenti espressioni secondo il senso del testo.**

1. tant'era boia

   tanto era crudele ☐
   tanto era generoso ☐
   tanto era stupido ☐

2. restare di stucco

   restare fermi ☐
   restare stupiti ☐
   restare spaventati ☐

3. per quanto è lungo

   tanto quanto è lungo ☐
   per quanto è più lungo ☐
   per quanto è meno lungo ☐

4. mettere insieme
   il pranzo con la cena

   non poter mangiare
   due volte al giorno ☐
   riuscire in qualche
   modo a mangiare
   due volte al giorno ☐
   mangiare molto
   due volte al giorno ☐

2. **Riscrivete le frasi seguenti sostituendo i nomi in nero con i pronomi personali corrispondenti.**

   Strada facendo, incontrò **Nerone** / Strada facendo *lo* incontrò.

1. Nessuno poteva vedere **Nerone** tant'era boia.

   _____

2. Portami **tutto il filato** domani mattina.

   _____

3. Nerone fa entrare **Berta**.

   _____

4. Si fa dare tutto **il lino**.

   _____

5. Poi dice **a Berta**.

   _____

6. Berta ringrazia **Nerone**.

   _____

7. Nerone non diede **alle donne** nessun regalo.

   _____

8. Nerone rispondeva **alle donne**...

   _____

L'automobile incontentabile

Un raccontino per ragazzi: la storia di un'automobile animata.

L a piccola cinquecento[1] del Signor Rossi era stanca di vivere in città. Non voleva più ubbidire ai segnali stradali, ai semafori, al vigile, al suo padrone. Era stufa di dormire all'aperto con due ruote sopra e due ruote sotto al marciapiede.[2] Decise allora di andarsene dalla città.

Dopo un lungo viaggio arrivò in campagna e rimase incantata dal verde, dal silenzio, dall'aria pulita. Come impazzita, cominciò a correre sui prati e sulle strade sassose, fino a che[3] sentì i primi segni della stanchezza. Rallentò la corsa per riposarsi ma, quando stava per ripartire si mise a scoppiettare e si fermò. Capì che era un attacco di sete... sete di benzina e allora cominciò a guardarsi intorno.

Non c'erano vigili, semafori, lunghe file di macchine, ma neppure distributori di benzina.

Cominciò a venirle la paura di restare sola in mezzo alla campagna senza potersi più muovere. Si mise allora a scuotere il serbatoio fino a che l'ultima riserva di benzina le consentì di rimettersi in moto. Di corsa si precipitò verso la città e fece appena in tempo a giungere davanti a una pompa di benzina.

Antonio Santoni Rugiu, *Giorni di scuola*, Laterza, 1979.

1. **cinquecento:** modello di automobile utilitaria della FIAT, molto comune negli anni settanta, ora non più prodotta in Italia.
2. **due ruote sopra... marciapiede:** l'auto è parcheggiata con due ruote sul marciapiede e due giù dal marciapiede.
3. **fino a che:** finché, fino al momento in cui.

Per comprendere il testo

1. Perché la "cinquecento" è stanca di vivere in città?
2. Come sta posteggiata di solito, la notte?
3. Che cosa incanta la cinquecento, in campagna?
4. Che cosa fa in campagna e che cosa le succede?
5. Che cosa le manca, in campagna?
6. Di che cosa ha paura?

Per conversare

1. Date una spiegazione al titolo del racconto: perché l'automobile è incontentabile?

Per capire la lingua

1. Automobile **significa che si muove** (mobile) **da sé** (auto). **Molte parole italiane sono formate con il prefisso** auto. **Collegate i termini seguenti alle rispettive definizioni disposte alla rinfusa.**

1. autogol

2. autografo

3. autonomo

4. automatico

5. autoscatto

6. autobiografico

7. autocombustione

8. autodidatta

9. autoadesivo

10. autocorrezione

A. sostituzione degli errori con forme giuste fatta da chi ha eseguito l'esercizio

B. chi si è dato un'istruzione da solo

C. che aderisce senza bisogno di collanti

D. dispositivo che fa scattare da sola la macchina fotografica

E. processo per cui una sostanza brucia spontaneamente

F. al calcio, rete segnata nella propria porta

G. scritto di propria mano

H. che si governa da sé

I. che agisce da solo

L. che riguarda se stesso

1	2	3	4	5	6	7	8	9	10
F									

2. **Molte altre parole italiane sono composte di** auto **e di un altro termine, ma questa volta** auto **è l'abbreviazione di** automobile **e le parole sono nate dopo l'invenzione dell'automobile.**
Completate la tabella in base alle definizioni.

definizione	termine
parcheggio per automobili	autoparcheggio
luogo dove si noleggiano automobili	auto...
luogo dove si svolgono gare automobilistiche	auto...
veicolo a motore per trasporto merci	auto...
veicolo per il trasporto di liquidi	auto...
autoveicolo per il trasporto collettivo di persone	auto...
posto di ritrovo per automobilisti	auto...
sede dove ci si prepara al conseguimento della patente di guida	auto...
strada destinata solo agli autoveicoli	auto...

3. **Riempite le caselle in base alle definizioni. Alla fine nella colonna segnata in nero si leggerà il nome del campionato riservato agli assi dell'automobilismo.**
1. La più famosa casa automobilistica italiana per le corse e le macchine sportive.
2. Dispositivo per il raffreddamento del motore.
3. Le porte dell'automobile.
4. Se scoppiano sono guai!
5. Quando il motore lo è, bisogna rifarlo.
6. Sede di un Gran Premio d'Europa.
7. Lo si usa per passare da una marcia all'altra.
8. Tipo di motore che ormai domina nelle gare mondiali.
9. I campioni automobilistici ne sono gli assi.
10. Non rispettarlo è pericolosissimo.

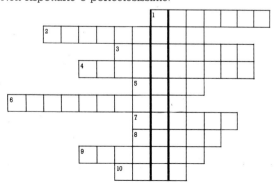

4. Assegnate ai termini in colonna i numeri che contraddistinguono i particolari del disegno.

parafango
marmitta
cofano
deflettore
parabrezza
tergicristallo
abitacolo

fanali
luci di direzione
sedili
paraurti
portiere
ruota
tubo di scarico

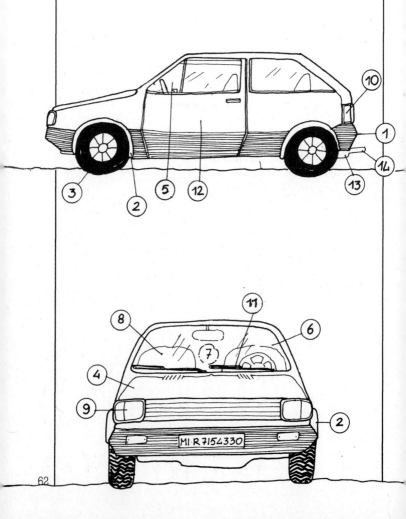

Come nelle fiabe

La storia di una ragazzina che ha paura di essere abbandonata dai genitori.

Q uesto dei panni stesi ad asciugare in casa mentre fuori pioveva era il tempo più bello. Non si poteva sfaccendare[1] molto nello spazio ingombro e la madre si sedeva con loro ragazzi vicino alla stufa, lasciava che Erica portasse dentro qualche bimba dei vicini, e raccontava fiabe. Più tardi arrivava il padre dal lavoro, faceva la faccia contenta per la novità che trovava e, interrotta la madre, continuava il racconto lui. Così passavano gli inverni. Erica ebbe sette, ebbe otto, ebbe nove anni... Il padre lavorava in una ferriera,[2] era un operaio montatore[3] e guadagnava un monotono pane.[4] Presto Erica cominciò a capire che aveva i genitori poveri proprio come si diceva in certe fiabe. E cominciò ad osservare padre e madre con sospetto. Dalle fiabe sapeva che i genitori poveri diventano cattivi, portano i figli nel bosco e ve li abbandonano. E tese l'orecchio ai loro discorsi. Pensava che il babbo non avrebbe mai voluto abbandonarli in un bosco, ma che la mamma era forse capace di volerlo. Essa non era stata mai completamente buona con loro ragazzi e rideva solo se il babbo era in casa, rideva a lui. Di questo Erica si offendeva. Decisamente la mamma non trovava compagnia che in lui. E come una notte che[5] li sentiva farsi festa tutti e due nel buio li chiamò invano e non ebbe data retta,[6] Erica diffidò anche del babbo e tese di più l'orecchio ai loro discorsi.

Elio Vittorini, *Erica e i suoi fratelli* (1956), Einaudi, 1980.

1. **sfaccendare:** svolgere i lavori di casa.
2. **ferriera:** officina dove si lavora il ferro e i suoi derivati.
3. **montatore:** addetto al montaggio dei diversi pezzi.
4. **monotono pane:** lo scarso stipendio permetteva solo l'acquisto delle cose essenziali, sempre le stesse.
5. **E come... che:** e quando (poiché)... in cui...
6. **non ebbe data retta:** non ricevette risposta.

Per comprendere il testo

Segnate con una crocetta se le affermazioni sono vere (V) o false (F).

1. A Erica
   piacevano le giornate di bel tempo. ☒V ☐F
2. Nei giorni di pioggia
   non si poteva lavorare in casa. ☒V ☐F
3. La madre di Erica non
   le permetteva di portare amiche in casa. ☒V ☐F
4. Quando il padre di Erica
   tornava a casa dal lavoro si arrabbiava... ☒V ☐F
5. e sgridava
   la moglie perché raccontava fiabe. ☒V ☐F
6. Il padre era operaio in un'officina. ☒V ☐F
7. I genitori di Erica erano poveri. ☒V ☐F
8. Erica aveva paura di loro perché
   nelle fiabe i genitori poveri
   sono cattivi e abbandonano i figli. ☒V ☐F
9. Erica pensava che la mamma
   poteva decidere di abbandonarla. ☒V ☐F
10. La mamma di Erica preferiva la
    compagnia del marito a quella dei figli. ☒V ☐F
11. A Erica questo non importava. ☒V ☐F
12. Alla fine
    Erica non ebbe più fiducia nel padre... ☒V ☐F
13. e stette sempre più
    attenta a quello che dicevano i genitori. ☒V ☐F

Per conversare

1. Dapprima Erica è felice, perché poi comincia a preoccuparsi?

2. Secondo voi di che cosa ha paura Erica?

3. Che rapporto ha la madre di Erica con il marito? E con i figli?

4. Ricordate qualche paura della vostra infanzia? Raccontate.

Per capire la lingua

1. **Un termine trovato nel testo è usato in molti modi di dire (frasi idiomatiche); individuatelo e usatelo per completare le frasi seguenti. Poi spiegate il significato di ciascuna frase.**

1. ridere in .... a uno (esprimere disprezzo)

_____

2. dire le cose in ....

_____

3. non guardare in .... a nessuno

4. a .... a ....

5. a .... scoperta

6. perdere la ....

7. avere la .... di

8. fare la .... feroce

9. la cosa cambia ....

10. sulla .... della terra

11. avere una .... tosta

2. Scrivete tre frasi con tre dei precedenti modi di dire, a scelta.

3. Nel brano avete trovato l'espressione tese l'orecchio; **che cosa significa? E che cosa significano le frasi della colonna a sinistra? (I significati relativi sono messi alla rinfusa nella colonna di destra: collegateli.)**

1. fare orecchi da mercante   A. ascoltare

2. giungere all'orecchio   B. ascoltare attentamente

3. porgere orecchio   C. non voler sentire

4. essere tutt'orecchi   D. conoscere indirettamente una notizia

5. avere gli orecchi foderati di prosciutto   E. fingere di non sentire

6. mettere una pulce nell'orecchio   F. essere intonati

7. non sentirci da un orecchio   G. senza conoscere la musica

8. essere duro d'orecchi   H. non voler ascoltare una richiesta

9. avere orecchio   I. sentirci poco

10. suonare a orecchio   L. far nascere un dubbio

1	2	3	4	5	6	7	8	9	10
E									

4. Scrivete tre frasi con tre dei modi di dire precedenti, a scelta.

Una giornata qualsiasi

La storia quotidiana di uno studente lavoratore.

Quando Anzelinu ritorna da Rivalta,[1] sono le ore 17; quando riparte per andare a scuola, sono le 18,15. In questo breve tempo deve girare tutto l'isolato: via Gioberti, via Pastrengo, via Massena e via Valeggio, fare la spesa, andare in lavanderia, dal macellaio, dal panettiere, dal pizzicagnolo,[2] dal tabaccaio, in farmacia, dal meccanico, dall'elettrauto, dal gommista. Deve andare a pagare l'affitto,[3] recarsi alle poste di Porta Nuova[4] per pagare le bollette del gas, della luce e del telefono. All'ufficio delle imposte per parlare di altri contributi.[5] Dai carabinieri e dai vigili[6] per pagare le multe. In prefettura, in questura per altri documenti. Quando va all'anagrafe è costretto a perdere mezza giornata di lavoro per fare lunghissime code, dato che quegli uffici sono aperti solo al mattino. Al pomeriggio deve poi andare in merceria, a comprare calzini, filo e bottoni; in

1. **Rivalta:** località alla periferia di Torino, dove lavora il protagonista.
2. **pizzicagnolo:** salumaio.
3. **pagare l'affitto:** pagare il padrone della casa in cui abita.
4. **poste di Porta Nuova:** l'ufficio postale della stazione di Torino.
5. **contributi:** le tasse.
6. **carabinieri... vigili:** in Italia vi sono parecchie "polizie": il Corpo dei carabinieri, cioè la polizia militare per tutelare l'ordine pubblico; la Pubblica sicurezza, la polizia alle dipendenze del governo e quindi dei prefetti (v. *Per comprendere il testo*) e dei questori (v. *Per comprendere il testo*) di ogni provincia; il Corpo dei vigili urbani, polizia comunale e quindi alle dipendenze del sindaco di ogni Comune (v. *Per comprendere il testo*).

libreria, in cartoleria, dal giornalaio, lattaio, pescivendolo, fruttivendolo, dentista, internista, oculista, idraulico, tubista, cardiologo, dermatologo, otoiatra, neurologo. Deve telefonare e ricevere telefonate, pulire la casa, fare le pulizie personali, farsi la barba che non ha potuto farsi al mattino perché era in ritardo. Deve andare nei negozi di abbigliamento, dal ciabattino, in calzoleria, a comprare un pettine perché sono già tre anni che va avanti pettinandosi con le mani. Nei paesi, nelle città, oltre a dover essere obbedienti, brillanti e ottimisti, bisogna anche essere belli.

Angelo Carta, *Anzelinu,* Einaudi, 1981.

Per comprendere il testo

1. Quanto tempo passa dal momento in cui Anzelinu ritorna a quello in cui riparte per andare a scuola?
2. Che cosa va a fare alla Posta?
3. E dai vigili?
4. Perché all'anagrafe perde tanto tempo?
5. Che cosa fa a casa?
6. Il testo elenca una serie di attività che Anzelinu svolge comunemente, ma non, ovviamente, ogni giorno. Quali attività compie tutti i giorni, quali a periodi regolari, quali in casi eccezionali?

ogni giorno	a periodi regolari	in casi eccezionali
torna da Rivalta	paga l'affitto	paga una multa

Per la comprensione del brano vi saranno utili delle informazioni su alcuni uffici pubblici italiani.

1. Il **Comune** è l'insieme di uffici che dirigono la più piccola suddivisione amministrativa dello Stato comprendente un centro abitato e il suo territorio. **Comune** è anche tale suddivisione amministrativa e l'edificio che la ospita.

2. Le **Poste** (o **uffici postali**) sono luoghi dove si spediscono lettere, pacchi, telegrammi. Vi si può spedire anche denaro con particolari moduli (i **vaglia**) e vi si possono pagare le **bollette** (cioè le somme, gli importi dovuti per il consumo effettuato) del gas, della luce, del telefono, mediante speciali moduli di **conto corrente postale**.

3. L'**Ufficio delle imposte** del Comune o dello Stato è l'ufficio dove si effettua la riscossione delle tasse dovute da singoli cittadini. Le somme versate sono dette **contributi** e **contribuenti** sono coloro che le pagano. Coloro che dovendo pagare le tasse evitano di farlo sono **evasori fiscali.**

4. La **Prefettura** è la sede del rappresentante del governo (il **prefetto**) in ciascuna provincia. La Prefettura rilascia vari documenti, fra cui la **patente** di guida, obbligatoria per chi vuole guidare un automezzo.

5. La **Questura** è la sede dei servizi di **polizia**. È diretta dal **questore**, che è il capo della polizia, nominato dal governo.

6. L'**Anagrafe** è l'ufficio comunale che registra tutte le persone nate o residenti nel Comune, delle quali segna i cambiamenti di stato civile (nascite, morti, matrimoni) e rilascia i relativi certificati.

Per conversare

1. Spiegate il significato dell'ultima frase del brano "Nei paesi, nelle città, oltre a dover essere obbedienti, brillanti e ottimisti, bisogna anche essere belli".

2. Provate anche voi a fare un elenco delle principali attività che svolgete quotidianamente e saltuariamente.

Per capire la lingua

1. **Su quali numeri del quadrante sono puntate le lancette dell'orologio di Anzelinu quando torna da Rivalta? E quando riparte per andare a scuola?**

2. **Rintracciate nel brano tutti i nomi degli uffici pubblici, dei negozi e degli studi medici e divideteli in tre colonne.**

uffici pubblici	negozi	studi medici
poste	farmacia	dentista

3. **Alcuni mestieri o alcune professioni citati nel brano sono indicati con il nome del luogo dove si svolgono, altri con il nome della persona che fa il mestiere o la professione; divideteli in queste due categorie.**

luogo	mestiere o professione
lavanderia	macellaio

4. **Adesso trasformate, quando è possibile, una forma nell'altra.**

luogo	professione
farmacia	farmacista
studio dentistico	dentista

5. **Riprendete l'elenco dei medici specialisti citati nel brano e spiegate, con l'aiuto del vocabolario, di quali parti del corpo si occupano** (dentista = *denti*).

Il rondone

Un vero racconto in versi: la vicenda
di un rondone vittima dell'inquinamento,
ma salvato da una mano pietosa.

Un rondone raccolto sul marciapiede
aveva le ali ingrommate di catrame[1]
non poteva volare.
Gina[2] che lo curò sciolse quei grumi[3]
con batuffoli d'olio e di profumi,[4]
gli pettinò le penne, lo nascose
in un cestino appena sufficiente
a farlo respirare.
Lui la guardava quasi riconoscente
da un occhio solo. L'altro non si apriva.
Poi gradì[5] mezza foglia di lattuga[6]
e due chicchi di riso. Dormì a lungo.
Il giorno dopo riprese il volo
senza salutare.
Lo vide la cameriera del piano di sopra.
Che fretta aveva fu il commento. E dire
che l'abbiamo salvato dai gatti. Ma ora forse
potrà cavarsela.[7]

Eugenio Montale, *Diario del '71 e del '72*, in *Tutte le poesie*,
Mondadori, 1984.

1. **ingrommate di catrame:** incollate, appiccicate da uno
   strato di catrame.
2. **Gina:** la governante del poeta.
3. **grumi:** incrostature; liquido denso (petrolio, sangue, latte)
   coagulato.
4. **batuffoli d'olio e di profumi:** fiocchi di cotone imbevuti
   di olio e di profumo per togliere il catrame dalle penne.
5. **gradì:** accettò, mangiò volentieri.
6. **lattuga:** insalata.
7. **potrà cavarsela:** potrà superare le difficoltà.

Per comprendere il testo

1. Dove viene trovato il rondone?
2. Perché non può volare?
3. Chi lo cura?
4. Perché e da chi viene messo in un cestino?
5. Perché il rondone guarda con un occhio solo?
6. Che cosa mangia il rondone nella casa del poeta?
7. Quanto tempo ci sta?
8. Chi si accorge che è volato via?
9. Che commento fa il poeta?
10. Avrà delle difficoltà, ora, il rondone?

Per conversare

1. Conoscete qualche episodio di animali feriti o in difficoltà, salvati dall'uomo? Raccontate.

2. Conoscete casi di animali vittime dell'inquinamento? Raccontate.

Per capire la lingua

1. **Sostituite nelle frasi seguenti i pronomi relativi in nero, con le forme corrispondenti dei pronomi relativi** quale/quali.

1. Gina **che** (la quale) lo curò.
2. Mario **che** (...........................) frequenta la scuola media è stato promosso.
3. Ho letto un articolo **di cui** (.......................) voglio parlarti.
4. Ecco il motivo **per cui** (.......................) devo partire.
5. È quello l'autobus **su cui** (.......................) dobbiamo salire.
6. È un uomo **a cui** (.......................) do poca fiducia.
7. È una persona **di cui** (.......................) mi fido poco.

2. **Completate le frasi seguenti con i pronomi relativi** che, cui, quale.

1. Ecco un uomo .... sa quello che vuole.
2. Rimpiango il tempo .... abitavo in campagna.
3. Quello è il signore .... sono stato presentato ieri.
4. È il tipo di persona .... mi piacerebbe conoscere.
5. È un compagno .... mi piacerebbe studiare.
6. Ecco le persone .... ho detto di no.
7. Questa è la fotografia .... ti ho parlato, ... si vede la mia casa.

71

Lupi d'Abruzzo

Una vicenda d'animali, una storia curiosa raccontata per insegnare a rispettarli.

Un inverno al cadere delle prime nevi, nel territorio di Gioia Vecchia, un lupo avvistò[1] un orso che era sceso molto in basso alla ricerca di cibo, prima di chiudersi nella sua caverna per il letargo[2] invernale. Da solo, non poteva sperare di sopraffare un avversario tanto più potente, eppure l'attaccò lo stesso, con furberia. Provocando e fuggendo, come fanno i cani con le fiere,[3] il lupo se lo tirò dietro fin dentro una cappella[4] solitaria, riguizzò[5] subito fuori e chiuse la porta prima che il bestione potesse uscire. L'orso era prigioniero. A questo punto il lupo alzò il viso al cielo, cacciò un ululato lungo e lugubre; il segnale di adunata per i compagni sparsi nei boschi. Quando si ritrovarono in sette o otto, i lupi irruppero nella cappella all'assalto del plantigrado[6] e ne ebbero ragione.

Alfredo Todisco, *Animali addio* (1973), S.E.I., 1984.

1. **avvistò:** vide da lontano.
2. **letargo:** sonno profondo in cui cadono certi animali durante l'inverno.
3. **fiere:** bestie selvatiche.
4. **cappella:** tabernacolo, nicchia con immagine sacra costruita lungo le strade e nelle campagne, protetta da un cancello o da una porta.
5. **riguizzò:** riscappò via.
6. **plantigrado:** animale che cammina posando a terra tutta la pianta del piede, qui l'orso.

Per comprendere il testo

1. Quando il lupo avvista l'orso?
2. Perché l'orso è sceso dai monti?
3. Dopo, che cosa avrebbe fatto l'orso?
4. Che cosa fa il lupo per attirare l'orso nella cappella?
5. E quando l'ha imprigionato?
6. Che cosa fanno tutti insieme i lupi?

Per conversare

1. Il lupo è un animale in via di estinzione per la caccia che gli viene data. Conoscete altre specie che corrono lo stesso pericolo? Discutete gli effetti che ciò provoca nell'ambiente naturale.

2. Il brano mette in evidenza l'intelligenza del lupo; conoscete qualche altro esempio di comportamento animale che rivela intelligenza? Raccontate.

Per capire la lingua

1. Segnate con una crocetta il significato corretto delle seguenti espressioni, in base al testo.

1. al cadere
   delle prime nevi

   quando
   ci furono le prime nevicate ☐
   quando
   cessarono le prime nevicate ☐
   quando
   si sciolsero le prime nevi ☐

2. sopraffare
   un avversario

   saltare sopra l'avversario ☐
   vincere l'avversario ☐
   fare male all'avversario ☐

3. provocando

   irritando, sfidando ☐
   offendendo, aggredendo ☐
   fuggendo, evitando ☐

4. irruppero

   entrarono a poco a poco ☐
   spezzarono ☐
   entrarono con impeto ☐

5. ne ebbero ragione

   ragionarono per uccidere l'orso ☐
   riuscirono a vincere l'orso ☐
   ebbero
   ragione di uccidere l'orso ☐

2. Il termine ragione **è usato in molti modi di dire o frasi idiomatiche. Collegate le frasi della colonna di sinistra con i relativi significati messi in ordine sparso nella colonna di destra.**

1. non sentir ragione
2. a chi di ragione
3. rendere
   di pubblica ragione
4. a ragione
5. a ragion veduta
6. di santa ragione
7. farsi una ragione
8. render ragione

A. divulgare, dare
   la possibilità di giudicare
B. giustamente,
   a buon diritto
C. non lasciarsi persuadere

D. a chi spetta di diritto

E. abbondantemente

F. rendere conto
   di qualche cosa
G. avendo considerato
   bene le cose
H. rassegnarsi

1	2	3	4	5	6	7	8
C							

3. Scrivete tre frasi usando tre espressioni a piacere della colonna di sinistra.

74

Il bambino che gioca

Il racconto della propria vita e insieme
una meditazione.

Il bambino smise di giocare
e parlò al vecchio come un amico.
Il vecchio lo udiva raccontare
come una favola la sua vita.

Gli si facevano sicure e chiare
cose che mai aveva capite.
Prima lo prese paura poi calma.
Il bambino seguitava a parlare.

Franco Fortini, *Poesie scelte*, Mondadori, 1974.

Per comprendere il testo

1. Chi sono i personaggi della poesia?
2. Chi racconta della propria vita, il vecchio o il bambino?
3. Chi capisce cose che non aveva capito prima?
4. Che sentimenti prova il vecchio?

Per conversare

1. La situazione descritta dalla poesia vi sembra verosimile? Perché?

2. Perché secondo voi il vecchio ha un attimo di paura?

Per capire la lingua

1. **Completate le frasi seguenti stando attenti alle concordanze dei verbi.** (Alcune frasi possono avere due soluzioni.)

   1. Gli si facevano chiare cose che mai aveva capit**e**.
   2. Gigi e Maria sono arrivat... in ritardo.
   3. I ragazzi sono tornat... indietro.
   4. Entrambe sono state avvertit... .
   5. I giocatori hanno abbandonat... il terreno di gioco.
   6. Mi hanno raccontat... tante bugie.
   7. Ragazze, chi vi ha chiamat... ?
   8. Ragazzi, chi vi ha chiamat... ?
   9. Le mie amiche sono stat... invitat... ad una festa, ma non ci sono volut... andare.
   10. Figli miei, chi vi ha ridott... così?
   11. Figli miei, chi vi ha parlat... così?

2. **Nelle frasi seguenti sostituite tra parentesi l'avverbio** come, **quando è possibile, con una di queste espressioni:** in qualità di, quanto, in che modo, perché, quando.

   1. Lo udiva raccontare la loro vita **come** (..........) una favola.
   2. **Come** (.................................) è andata a finire quella storia?
   3. Era bianco **come** (.................................) il latte.
   4. **Come** (.................................) sei bravo, non so **come** (.................................) ringraziarti.
   5. **Come** (.................................) giudice devo mantenermi imparziale.
   6. Sono stato convocato **come** (.................................) testimone.
   7. **Come** (.................................) mai non è più tórnato?
   8. Non so **come** (.................................) sono rimasto così calmo.
   9. Non so dirti **come** (.................................) mi dispiace.
   10. **Come** (.................................) lo seppe avvertì.

Margherita

Il racconto di un amore che nasce con
i primi turbamenti, i contrasti, le difficoltà.

I ntanto Margherita era cresciuta, cresceva coi[1] mesi,
come un giglio.[2] Ogni volta che la vedevo, il cuore
mi tremava.
Veniva spesso in campagna, al tempo delle olive,[3] quando c'era da pulire il grano dalle erbacce, o a sfondare
la vigna.[4] Ero felice di lavorare accanto a lei; che sempre
aveva una parola da dirmi, un discorso da farmi. Ma
suo fratello era geloso di me; e un giorno, vedendoci
discorrere insieme molto amichevolmente e senza alcuna malizia, trovò il motivo di mandarmi via dalla sua
roba.[5]
«Non voglio vagabondi tra i piedi!» mi gridò. «Vattene,
vattene a casa tua!»
Margherita impallidì; ed io mi presi la giacca, senza
farmelo ripetere e me ne andai, col cuore gonfio.[6]
Avevo già i miei quattordici anni, e il cuore e la testa mi
erano abbastanza caldi.[7]
A Margherita spesso ripetevo delle poesie, che sapevo
a memoria, e lei mi guardava con ammirazione, con gli
occhi pieni di gioia. Un giorno mi disse che ero tanto
buono e intelligente e mi fissò negli occhi; la vidi cambiare colore, e mi sentii salire il sangue alla faccia, il
cuore prese a balzarmi nel petto come un agnellino; ed
eravamo soli, io e Margherita. Ma presto udimmo la voce
del fratello, e Margherita, senza dire verbo, si allontanò
di corsa e finse di raccogliere cicorie.

Saverio Strati, *Mani vuote* (1960), Mondadori, 1978.

1. **coi:** con i.
2. **cresceva... come un giglio:** cresceva rapidamente e
   diventava sempre più bella, come un fiore.
3. **al tempo delle olive:** quando si raccolgono le olive, da
   novembre a marzo.
4. **sfondare la vigna:** zappare il terreno della vigna.
5. **dalla sua roba:** dalla sua proprietà.
6. **col cuore gonfio:** pieno di tristezza e di rabbia.
7. **mi erano abbastanza caldi:** ero in grado di provare
   emozioni e sentimenti intensi.

Per comprendere il testo

1. Cosa succedeva al protagonista quando vedeva Margherita?
2. Quando veniva in campagna Margherita?
3. Perché il protagonista era contento di lavorare con lei?
4. Come reagì il fratello di Margherita quando vide i due ragazzi parlare insieme?
5. Che cosa fece allora il protagonista?
6. Quanti anni aveva in quel periodo?
7. Che cosa diceva a Margherita il protagonista?
8. Che cosa gli disse un giorno Margherita?
9. Che cosa fece Margherita quando sentì la voce del fratello?

Per conversare

| 1. Commentate il comporta- | il protagonista, Margherita |
| mento dei tre personaggi: | e suo fratello. |

Per capire la lingua

1. In base alla lettura del brano completate le frasi seguenti aggiungendo il pronome personale e le particelle si, se, ne.

1. Ogni volta che vedeva Margherita il cuore ...... tremava.
2. ...... veniva spesso in campagna. 3. ...... era felice di lavorare accanto a ...... 4. ...... aveva sempre una parola da dir...... un discorso da far...... 5. Ma suo fratello era geloso di ...... 6. Un giorno vedendo...... discorrere insieme trovò il motivo di mandar...... via dalla sua roba. 7. «Non voglio vagabondi tra i piedi!» ...... gridò. 8. Prese la giacca, senza far...... ripetere e .... andò. 9. Aveva già i suoi quattordici anni, e il cuore e la testa ...... erano abbastanza caldi. 10. ...... ripeteva spesso delle poesie, che sapeva a memoria, e lei ...... guardava con ammirazione. 11. Un giorno ...... disse che era tanto buono e intelligente e ...... fissò negli occhi; ...... vide cambiare colore, e ...... sentì salire il sangue alla faccia, il cuore prese a balzar...... nel petto; ed erano soli, ... e Margherita.

2. Completate le frasi che seguono con le preposizioni mancanti.

1. Viene spesso ...... campagna, quando c'è ...... lavorare ...... campi o ...... raccogliere la frutta. 2. È contento ...... lavorare con lei. 3. Ha sempre qualcosa ...... dirgli ed è sempre pronta ...... ascoltarlo. 4. Il fratello è geloso ...... lui. 5. Così trova il motivo ...... scacciarlo. 6. Recitava spesso poesie ...... memoria ...... Margherita. 7. Lei ascoltava piena ...... gioia ...... gli occhi spalancati. 8. Il cuore gli batteva ...... petto e il sangue gli saliva ...... viso.

Memoria

Il ricordo e il rimpianto di una persona cara, il marito, morto tragicamente durante la seconda guerra mondiale.

Gli uomini vanno e vengono per le strade della città. Comprano cibi e giornali, muovono a imprese[1] diverse.]
Hanno roseo il viso, le labbra vivide e piene.
Sollevasti[2] il lenzuolo per guardare il suo viso,
Ti chinasti a baciarlo con un gesto consueto.
Ma era l'ultima volta. Era il viso consueto.
Solo un poco più stanco. E il vestito era quello di sempre.
E le scarpe eran quelle di sempre. E le mani erano quelle]
Che spezzavano il pane e versavano il vino.
Oggi ancora nel tempo che passa sollevi il lenzuolo[3]
A guardare il suo viso per l'ultima volta.
Se cammini per strada nessuno ti è accanto.
Se hai paura nessuno ti prende la mano.
E non è tua la strada, non è tua la città.
Non è tua la città illuminata. La città illuminata è degli altri.]
Degli uomini che vanno e vengono, comprando cibi e giornali.]
Puoi affacciarti un poco alla quieta finestra
E guardare in silenzio il giardino nel buio.
Allora quando piangevi, c'era la sua voce serena.
Allora quando ridevi c'era il suo riso sommesso.[4]
Ma il cancello che a sera s'apriva[5] resterà chiuso per sempre;]
E deserta è la tua giovinezza, spento il fuoco, vuota la casa.]

Natalia Ginzburg, in "Mercurio".

1. **imprese:** azioni, progetti.
2. **Sollevasti:** l'autrice descrive se stessa, come una terza persona.
3. **sollevi il lenzuolo:** rivedi il suo volto come allora.
4. **sommesso:** leggero, appena avvertibile.
5. **il cancello che... s'apriva:** al suo rientro a casa.

Vacanze in montagna

Ricordi d'infanzia dominati dalla figura del padre.

Passavamo sempre l'estate in montagna. Prendevamo una casa in affitto, tre mesi, da luglio a settembre. Di solito, eran case lontane dall'abitato; e mio padre e i miei fratelli andavano ogni giorno, col sacco da montagna sulle spalle, a far la spesa in paese. Non c'era sorta[1] di divertimenti o distrazioni. Passavamo la sera in casa, attorno alla tavola, noi fratelli e mia madre. Quanto a mio padre, se ne stava a leggere nella parte opposta della casa: e, di tanto in tanto, s'affacciava alla stanza, dove eravamo raccolti a chiacchierare e a giocare. S'affacciava sospettoso, accigliato,[2] e si lamentava con mia madre della nostra serva Natalina, che gli aveva messo in disordine certi libri: «La tua cara Natalina», diceva. «Una demente»,[3] diceva, incurante[4] del fatto che la Natalina, in cucina, potesse udirlo. D'altronde alla frase "quella demente della Natalina" la Natalina c'era abituata, e non se ne offendeva affatto.

Natalia Ginzburg, *Lessico familiare* (1963), Einaudi, 1985.

1. **sorta:** alcun tipo.
2. **accigliato:** preoccupato, sdegnato.
3. **demente:** stupida.
4. **incurante:** senza preoccuparsi.

Per comprendere il testo

1. Dove passava le vacanze la famiglia dell'autrice?
2. In quale periodo dell'anno?
3. Come erano costretti a fare la spesa? Perché?
4. Come passavano le serate la madre e i figli?
5. E il padre?
6. Perché ogni tanto il padre andava a vedere cosa facevano i familiari?
7. Che cosa diceva della donna di servizio?
8. Come reagiva alle offese Natalina?

Per conversare

1. L'autrice si mostra contenta o scontenta del modo di passare le vacanze voluto dal padre? Da che cosa si capisce?

2. Di che cosa possono parlare e a che cosa giocano di sera i giovani attorno alla tavola?

81

Per capire la lingua

1. Completate la tabella.

prendere in affitto	abitare una casa di altri in cambio di una somma di denaro
	dare in affitto
affittuario	
canone d'affitto	
	accordo che viene firmato da chi prende e da chi dà in affitto dei locali

2. Per ciascuno dei seguenti aggettivi, che avete trovato nel testo, date un sinonimo (cioè un termine che ha un significato simile) e un contrario (cioè un termine che ha un significato opposto):

lontane   distanti / vicine _____

sospettoso _____

opposto _____

demente _____

cara _____

incurante _____

Fate lo stesso con questi altri aggettivi:

sbalordito _____

sereno _____

ostinato _____

frivolo _____

3. Il termine tavola che avete trovato nel testo ricorre in alcuni modi di dire assai comuni; spiegatene il significato con l'aiuto del vocabolario:

tavola rotonda _____
_____

mettere le carte in tavola _____
_____

tavola di salvezza _____
_____

portare in tavola _____
_____

4. Trascrivete tutto il brano al presente.

Passiamo sempre l'estate in montagna...

Come imparai
a leggere

**Uno scrittore racconta un'esperienza
infantile**, come imparò a leggere da solo.

Come ho detto, non mi chiedevo il perché delle cose.
Del resto avevo imparato a leggere e a scrivere da
solo, e quindi la faccenda non era un vero problema
neanche per Maddalena. Quando ebbi una delle tante
malattie infantili, il morbillo o gli orecchioni, non ricordo,
Maddalena mi buttò sul letto un sillabario[1] pieno di
disegni, per aiutarmi a vincere la noia della convalescenza. Esso divenne prestissimo interessante perché recava
accanto a ogni figura il nome della cosa rappresentata.
Cominciai a copiare le lettere con i piselli, prima sopra
un cartone e poi sul pavimento. Non ho la minima idea
perché non usassi una penna o una matita e preferissi
invece quel mezzo scomodo, che richiedeva pazienza a
non finire e tanto spazio...
Maddalena all'inizio non capì perché ci fosse quel mare
di piselli sparsi per la camera, che scroccavano[2] e si
sfarinavano[3] sotto il legno dei suoi zoccoli, e che lei
cacciava verso il muro con rabbiose pedate.
Un giorno spalancò le imposte e si sedette sul letto, a
parlare e scherzare con me. A un certo punto si mise a
guardare il pavimento con insistenza, e in lei si fece
luce:[4] «Giuliano, hai imparato a scrivere da solo! Come
diavolo[5] hai fatto, bambino?».
Da quel giorno lasciò che riempissi i pavimenti di piselli
a mio talento.[6] Vi camminava sopra saltellando, per non
compromettere[7] le scritte. Poi si diede a portare a casa

---

1. **sillabario:** libro usato nelle scuole elementari per imparare
   a leggere e a scrivere.
2. **scroccavano:** schizzavano via.
3. **si sfarinavano:** si riducevano in polvere simile a farina.
4. **in lei si fece luce:** capì.
5. **Come diavolo:** espressione popolare, per "come mai".
6. **a mio talento:** a mia volontà.
7. **compromettere:** danneggiare.

mozziconi[8] di matite colorate o copiative,[9] sicché[10] cominciai a scrivere le parole su carta da zucchero,[11] su carta da macellaio,[12] o sui margini di vecchi giornali. Col suo aiuto presto imparai anche a leggere. In casa c'erano parecchi libri, e molti altri, sia pure vecchi e macchiati, li procurava Maddalena: volumi di fiabe o di miti, antichi poemi, romanzi di viaggi e di avventure.

Carlo Sgorlon, *Il trono di legno* (1973), Mondadori, 1984.

8. **mozziconi:** pezzetti.
9. **copiative:** matite che lasciano un segno indelebile.
10. **sicché:** così che.
11. **carta da zucchero:** carta azzurra con cui un tempo si incartava lo zucchero.
12. **carta da macellaio:** carta color paglia, con cui si usava avvolgere la carne.

Per comprendere il testo

1. Quando, con chi e su quale libro il ragazzo impara a leggere e a scrivere?
2. Con che cosa scrive?
3. Maddalena si arrabbia quando trova i piselli per terra?
4. Come reagisce quando capisce la verità?
5. Che cosa fa per aiutare il ragazzo?

Per conversare

1. Il ragazzo ha una vita regolare?
2. Da che cosa si capisce?
3. Voi come avete imparato a leggere e a scrivere?

Per capire la lingua

1. Nel testo si parla di carta da zucchero **e di** carta da macellaio. **Con l'aiuto del vocabolario definite questi altri tipi di carta:**

carta da musica   _____

carta da parati   _____

carta da disegno   _____

carta da imballo   _____

carta straccia   _____

carta bollata   _____

carta velina   _____

carta carbone   _____

2. Quali di queste espressioni sono giuste? (Segnate con una crocetta il quadratino corrispondente.)

1. carta da lettera ☐   5. uomo da teatro ☐
   carta per lettera ☐   uomo di teatro ☐

2. macchina per scrivere ☐   6. macchina da cucire ☐
   macchina da scrivere ☐   macchina per cucire ☐

3. biglietto di visita ☐   7. penna da disegnare ☐
   biglietto da visita ☐   penna per disegnare ☐

4. festa di ballo ☐   8. biglietto di mille ☐
   festa da ballo ☐   biglietto da mille ☐

3. Spiegate il senso delle espressioni seguenti.

1. giocare a carte scoperte _____

2. dare carta bianca a qualcuno _____

3. giocare l'ultima carta _____

4. cambiare le carte in tavola _____

5. avere le carte in regola _____

6. fare le carte _____

4. Trasformate le seguenti interrogative indirette, prese dal brano, in interrogative dirette.

1. Non ho la minima idea perché non usassi una penna e una matita e (perché) preferissi invece quel mezzo scomodo.
2. Non capì perché ci fosse quel mare di piselli sparsi per la camera.

Diario

Pagine di un diario: appunti, annotazioni, ricordi fissati per se stessi.

15 marzo, sera

Rimasta in casa tutta la giornata, sebbene il tempo fosse splendente. Provato invano a lavorare. Peso enorme alle spalle. Dal dottore andrò domani. Gli storni[1] che volavano a migliaia sugli alberi del Pincio[2] sono partiti già da vari giorni, per dove? Era una musica per gli occhi, e ad ogni tramonto un poco mi consolava...

19 marzo, S. Giuseppe, sera

Ondata di più cupa tristezza. Nessuno a cui poter dirla, nessuno che possa tentare di confortarmi, tentare almeno. In tutto il mondo, nessuno.
Silenzio di tomba, qui nella mia stanza. E nel mondo, il rombo del cannone,[3] ancora, ancora.

Sibilla Aleramo, *Diario di una donna* (1978), Feltrinelli, 1979.

1. **storni:** o stornelli, uccelli con piume scure e becco giallo, comuni anche nelle città.
2. **Pincio:** uno dei sette colli su cui sorge Roma.
3. **il rombo del cannone:** l'autrice scrive negli anni della seconda guerra mondiale.

Per comprendere il testo

1. L'autrice è uscita di casa il 15 marzo?
2. È andata dal dottore?
3. Ha visto volare gli storni quel giorno?
4. Perché nessuno può confortare l'autrice?

Per conversare

1. Qual è il sentimento comune espresso nelle due pagine di diario?

2. Quali dolori affliggono l'autrice?

Per capire la lingua

1. Quale caratteristica stilistica distingue queste righe di diario?

la mancanza di aggettivi ☐
la mancanza di alcune forme verbali ☐
la lunghezza delle frasi ☐

2. L'effetto che ne deriva è:

concisione del testo ☐
imprecisione del testo ☐
difficoltà del testo ☐

3. Provate a riscrivere i due passi del diario aggiungendo i verbi rimasti impliciti.

Sono rimasta in casa... *Ho* provato invano...

3

Giorgio Morandi,
Natura morta metafisica, **1918**

Nebbia

Una descrizione di paesaggio che riesce a creare un'atmosfera di mistero.

E guardai nella valle: era sparito
tutto, sommerso! Era un grande mare piano,
grigio, senz'onde, senza lidi,[1] unito.
E c'era appena, qua e là, lo strano
vocio di gridi piccoli e selvaggi:
uccelli spersi per quel mondo vano...[2]

Giovanni Pascoli, *Primi poemetti* (1897-1904), in *Opere*, Rizzoli, 1978.

1. **lidi:** coste.
2. **vano**: immateriale.

Per comprendere il testo

1. In che posizione è il poeta nei confronti di ciò che guarda?
2. Che cosa vede?
3. Che cosa sente?

Per conversare

1. Che sentimenti provoca in voi la poesia? Perché?

2. Nella nebbia gli oggetti più comuni cambiano aspetto; descrivete.

3. Nel vostro paese la nebbia è un fenomeno comune, raro, inesistente?

Per capire la lingua

1. **Provate a trascrivere in prosa i versi della poesia.**

2. **Per ciascun aggettivo presente nel testo trovate un sinonimo (parola di significato simile) e un contrario (parola di significato opposto):**

grande   ampio / piccolo

Orfano

Un'atmosfera malinconica, un quadro di vita quotidiana reso in pochi versi che hanno l'andamento di una ninna nanna.

Lenta la neve fiocca, fiocca, fiocca.
Senti: una zana[1] dondola pian piano.
Un bimbo piange, il piccol[2] dito in bocca;
canta una vecchia, il mento sulla mano.
La vecchia canta: intorno al tuo lettino
c'è rose e gigli, tutto un bel giardino.
Nel bel giardino il bimbo s'addormenta.
La neve fiocca lenta, lenta, lenta.

Giovanni Pascoli, *Myricae* (1891), Rizzoli, 1981.

1. **zana:** culla di vimini, a dondolo.
2. **piccol:** piccolo.

Per comprendere il testo

1. A chi è riferito l'esortativo "Senti" del secondo verso?
2. Che cosa può essere la vecchia nei confronti del neonato?
3. Che cosa canta al bimbo?

Per conversare

1. Se non ci fosse il titolo (**Orfano**) si capirebbe che il bimbo nella culla è orfano? Perché?

2. Che funzione ha, secondo voi, la presenza delle ripetizioni nella poesia? Che effetto producono?

Per capire la lingua

1. Completate l'elenco di definizioni secondo il modello.

1. Un bambino senza genitori è un *orfano*.
2. Una donna cui è morto il marito è ....
3. Un uomo cui è morta la moglie è ....
4. Una donna non sposata è ....
5. Un uomo non sposato è ....

91

Uccelli al tramonto

Sensazioni destate da un tramonto, raccolte in una pagina di diario.

3 marzo, pomeriggio

I pini e i cipressi del Pincio[1] sono, in questo momento, accesi dal tramonto: e li traversano, avanti e indietro, grandi sciami d'uccellini, devono essere storni, che da qualche settimana vi han fatto il nido, e ogni giorno a quest'ora danzano in ronda[2] lungamente, sopra le alte chiome[3] con un ampio ritmo che mi incanta quando li miro[4] qui dal tavolo o dal divano. M'incanta, mi smaga,[5] per qualche istante.

Sibilla Aleramo, *Diario di una donna* (1978), Feltrinelli, 1979.

1. **Pincio:** uno dei sette colli su cui sorge Roma.
2. **in ronda:** in circolo.
3. **chiome:** i rami superiori degli alberi.
4. **miro:** guardo, osservo.
5. **mi smaga:** mi fa smarrire.

Per comprendere il testo

Segnate con una crocetta le risposte giuste.

1. i pini
   e i cipressi sono accesi
   - sono in fiamme ☐
   - sono arrossati ☐
   - sono luminosi ☐

2. li traversano
   - passano tra un albero e l'altro ☐
   - li tagliano ☐
   - passano da un albero all'altro ☐

3. m'incanta
   - mi distrae ☐
   - mi affascina ☐
   - mi turba ☐

Per conversare

1. Che cosa fanno gli storni al tramonto?

2. Che sentimenti prova l'autrice?

Per capire la lingua

1. Spiegate il significato del termine acceso **nelle seguenti espressioni.**

1. Aveva gli occhi **accesi** dall'ira _____
2. Era **acceso** d'amore _____
3. Era di colore rosso **acceso** _____

2. Fate lo stesso con il termine mirare.

1. Mirate al cuore! _____
2. Mirare a una rapida carriera _____
3. Mirare a migliorare le cose _____
4. Mirate l'opera del Signore _____

Soldati

La sensazione della precarietà della vita
espressa con una sola immagine.

Si sta come
d'autunno
sugli alberi
le foglie.

Giuseppe Ungaretti, *L'allegria* (1931), in *Vita d'un uomo*,
Mondadori, 1977.

Per comprendere il testo

1. Qual è il significato del "si" iniziale? A chi si riferisce?
2. Che cosa avviene alle foglie d'autunno?

Per conversare

1. La poesia è costituita da un
   unico paragone: che cosa
   esprime?

Per capire la lingua

**1. Completate le frasi seguenti con le forme pronominali
riflessive si, sé.**

1. Egli ...... è alzato.
2. Esse ...... sono alzate.
3. Dove ...... sono nascosti?
4. Stai tranquillo che ...... accorgerà da ....
5. Aveva promesso di portarmi con ...... ma poi ...... è dimentica-
   to della promessa.
6. Gloria ...... guarda continuamente allo specchio perché ......
   crede molto bella.
7. Chi fa da ...... fa per tre.
8. Quel vecchio continua a borbottare tra ...... e ....

C'era una volta

Un momento di serenità vissuto come in sogno.

Bosco Cappuccio
ha un declivio[1]
di velluto verde
come una dolce poltrona.

Appisolarmi là
solo
in un caffè remoto[2]
con una luce fievole[3]
come questa
di questa luna.

Giuseppe Ungaretti, *L'allegria* (1931), in *Vita d'un uomo*,
Mondadori, 1977.

1. **declivio:** pendio.
2. **remoto:** lontano.
3. **fievole:** debole.

Per comprendere il testo

1. Che cos'è il "velluto verde"?
2. A che cosa è paragonato il pendio di Bosco Cappuccio?
3. E la luce del bar?
4. Quale significato ha "appisolarsi"? È come "addormentarsi"?
5. A quale senso avete collegato "dolce" del quarto verso (vista, udito, tatto, gusto, olfatto)? Perché?

Per conversare

1. Quale parte della poesia descrive un desiderio dell'autore?

2. Qual è il suo desiderio?

Per capire la lingua

1. **Raccogliete tutti gli aggettivi qualificativi della poesia e dite a quali sensi fanno riferimento.**

aggettivi	sensi
verde	vista

2. **Il poeta ha usato l'aggettivo** dolce **nel significato proprio o figurato?**

proprio ☐   figurato ☐

3. **Scrivete un sinonimo (parola di significato simile) e un contrario (parola di significato opposto) dei seguenti aggettivi qualificativi trovati nel testo:**

dolce _____

rèmoto _____

fievole _____

4. **Spiegate il significato degli aggettivi** verde **e** dolce **nelle seguenti espressioni.**

1. Gli anni verdi sono i più belli _____
2. La legna verde non brucia bene _____
3. Questa città è povera di zone verdi _____
4. Questo paese ha un clima dolce _____
5. Maria mi ha fatto gli occhi dolci _____
6. È abituato a fare la dolce vita _____
7. Aprile, dolce dormire _____

Il torrente

Sentirsi natura nella natura.

S on tornato al torrente dove venivo quest'inverno, e come succede in quest'ore calde, mi è venuta l'idea di mettermi nudo. Non mi vedevano che[1] gli alberi e gli uccelli. Il torrente è incassato[2] in uno spacco[3] della campagna. Se si ha un corpo, tanto vale esporlo[4] al cielo. Le radici che sporgono dalla parete, sono nude.

Mi bagnai nella pozza, dove disteso toccavo fondo. È un'acqua tiepida, che sa di terra. Di tanto in tanto ci tornavo; cuocevo[5] al sole tutto il tempo, buttato sull'erba, scorrendomi[6] addosso le stille[7] come sudore. Non sapevo più di carne ma d'acqua e di terra. Mi vedevo sulla testa tra le punte degli alberi la pozza nuda del cielo.[8] Ci stetti fino a sera.

Cesare Pavese, *Racconti*, in *Feria d'agosto* (1946), Einaudi, 1982.

1. **Non mi... che:** forma alla francese col "che" restrittivo della negazione: mi vedevano solo.
2. **incassato:** chiuso tra due alte pareti.
3. **spacco:** spaccatura: le acque del torrente hanno "spaccato" (diviso) con un grande solco la campagna.
4. **esporlo:** metterlo in vista.
5. **cuocevo:** mi scaldavo al sole.
6. **scorrendomi:** mentre mi scorrevano.
7. **le stille:** le gocce.
8. **la pozza nuda del cielo:** un pezzo di cielo senza nubi, che sembra un pozzo.

Per comprendere il testo

1. Quando torna al torrente l'autore?
2. Che cosa gli viene voglia di fare?
3. Da chi è visto?
4. Dove e come sono le radici che vede?
5. Dove si bagna?
6. È molto profonda la pozza dove fa il bagno?
7. Che cosa fa dopo il bagno?
8. Come si sente dopo il bagno?

Per conversare

1. Quale sentimento secondo voi esprime l'autore di questo brano? Che sensazioni prova?

Per capire la lingua

1. **Spiegate il significato del termine** nudo **prima nei tre casi in cui lo usa l'autore nel brano e poi nelle frasi seguenti.**

1. dormire sulla nuda terra   _____

2. a occhio nudo   _____

3. una parete nuda   _____

4. la verità nuda e cruda   _____

5. mettere a nudo qualcosa   _____

2. **Collegate le frasi della colonna di sinistra con i relativi significati messi disordinatamente nella colonna di destra.**

1. toccare con mano	A. commuovere
2. toccare il cielo con un dito	B. essere indifferenti a
3. toccare il cuore	C. ciascuno deve accettare quello che gli è destinato
4. non essere toccati da	D. devi farlo tu (è il tuo turno)
5. a chi tocca tocca	E. accertarsi personalmente della verità
6. tocca a te	F. si deve farlo
7. tocca farlo	G. essere al massimo della felicità

1	2	3	4	5	6	7
E						

Apro la mia finestra

Un paesaggio colto dagli occhi, ma
trasportato in immagini interne dell'animo.

I l pozzo azzurro del sole
affonda,
nel cielo denso d'amaranto,[1]
nel mezzo agli oliveti porporini[2]
galleggia il mazzo degli oleandri[3] d'argento.[4]
Mi sento bruciare.

Aldo Palazzeschi, *Poesie* (1930), Mondadori, 1974.

1. **amaranto:** rosso cupo.
2. **porporini:** di colore rosso porpora.
3. **oleandri:** arbusti con fiori profumati.
4. **d'argento:** bianchi.

Per comprendere il testo

1. Che cosa fa il pozzo azzurro del sole?
2. Che cosa fa il mazzo di oleandri?
3. Che cosa prova il poeta?

Per conversare

1. Quale momento della giornata è descritto? Da che cosa lo capite?

2. Perché il poeta si sente bruciare?

Per capire la lingua

1. Collegate gli elementi del paesaggio con i loro colori, così come sono dati dal testo.

sole	azzurro
cielo	
oliveti	
oleandri	

2. Quali sarebbero gli accoppiamenti più naturali?

sole	
cielo	
oliveti	
oleandri	

Come il tempo

Una situazione strana, un po' misteriosa,
nella riflessione di due amici.

Ogni sera sulle rive del Moor[1] una vacca restava immobile a guardare. Si ergeva contro il cielo chiaro sopra la linea dell'orizzonte.
Malinconico e assorto Gigi Ghirotti[2] guardava anche lui in silenzio. Poi disse sottovoce: «Cosa guarderà quella vacca? O cosa penserà? La vedo sempre lì tutte le sere».
«Forse» aggiunse al mio silenzio, «vorrà riempirsi dentro di queste ore, con le immagini e i rumori, per quando la neve e il freddo la terranno rinchiusa per mesi nella stalla. O per quando sarà morta.»
«Forse» risposi allora, «aspetta di vedere sorgere il sole. Non vedi come guarda sempre verso mattina?»

Intanto giù dai boschi e dalla montagna scendeva la notte; ma anche nel buio, contro il cielo stellato, la vacca restava immobile a guardare. Era come il tempo.

Mario Rigoni Stern, *Storia di Tönle* (1978), Einaudi, 1981.

1. **Moor:** monte del Veneto.
2. **Gigi Ghirotti:** un giornalista amico dell'autore.

Per comprendere il testo

1. Dove stava e cosa faceva la vacca ogni sera?
2. Come appariva?
3. Che stato d'animo aveva l'amico dell'autore?
4. Che cosa si chiedeva Ghirotti a proposito dello strano comportamento dell'animale?
5. Come spiega questo comportamento l'autore?
6. Che cosa faceva la vacca quando arrivava il buio della notte?

Per conversare

1. Provate a immaginare anche voi i motivi del comportamento della vacca.

2. Provate a spiegare l'ultima frase del testo.

Per capire la lingua

1. **Spiegate i diversi significati della parola** linea **nelle espressioni seguenti.**

   1. Si ergeva sopra la **linea dell'orizzonte**.
   _____

   2. I due paesi distano tre chilometri in **linea d'aria**.
   _____

   3. Il suo viso ha una **linea dolce**.
   _____

   4. Quella ragazza mangia poco per mantenere la **linea**.
   _____

   5. Il pallone superò la **linea di fondo**.
   _____

   6. Avanzarono veloci in **linea retta**.
   _____

   7. I soldati si schierarono in **linea**.
   _____

   8. Abbiamo vinto su tutta la **linea**.
   _____

   9. Ieri è stata inaugurata un'importante **linea ferroviaria**.
   _____

   10. Pronto? Sei tu, Gianni? Aspetta, resta in **linea**.
   _____

2. **Trasformate in discorso indiretto il dialogo fra i due amici.**

3. **Mettete al presente la parte descrittiva del brano (escluso cioè il dialogo).**

4. **Quali espressioni del dialogo non si possono mettere al presente? Trascrivetele.**

5. **Mettete l'accento, quando è necessario, sulle seguenti parole:** giu - su - laggiu - quassu.

Per un bel giorno

Un senso quasi di abbandono e insieme
il desiderio di fermare un attimo che
non tornerà più.

Un cielo così puro
Un vento così leggero
Non so più dove sono
Dove ero.

O gaggia[1] nuda,
Bruna violetta
Che nel calore fugace[2]
Appassisci...

Giorno che te ne vai
E non sai nulla di me e della violetta
Che tanto amo
E del ramo
Nudo della gaggia,

Giorno, non andar via.

Attilio Bertolucci, *La capanna indiana* (1951), Garzanti, 1973.

1. **gaggia:** acacia, pianta arborea, spinosa, con fiori bianchi
   a grappoli.
2. **fugace:** breve, che sta per finire.

Per comprendere il testo

1. Perché il poeta ha perso il senso dello spazio e del tempo?
2. Perché la gaggia è "nuda"?
3. Che cosa ama il poeta?

Per conversare

1. In che stagione siamo? Da che cosa lo si capisce?

2. Perché il poeta vuole che il giorno non passi?

Per capire la lingua

1. Provate ad abbinare agli aggettivi trovati nel testo un nome appropriato e spiegate il significato dell'espressione:

puro   cielo = cielo puro (senza nubi)

leggero   _____

_____

nuda   _____

_____

bruna   _____

_____

fugace   _____

_____

2. Per gli stessi aggettivi trovate un sinonimo (parola di significato simile) e un contrario (parola di significato opposto):

puro   limpido / impuro

leggero   _____

nuda   _____

bruna   _____

fugace   _____

Il mare è tutto azzurro

Un sentimento di gioia, incontenibile,
espresso in pochi, brevi versi.

I l mare è tutto azzurro.
Il mare è tutto calmo.
Nel cuore è quasi un urlo
di gioia. E tutto è calmo.

Sandro Penna, *Tutte le poesie* (1972), Garzanti, 1984.

Per capire la lingua

1. **Le parole della poesia. Riempite le caselle in base alle
   definizioni; alla fine nella colonna segnata in nero si
   leggerà il titolo di una poesia di Giacomo Leopardi.**

   1. Poesia che esprime i sentimenti dell'autore.
   2. Può essere baciata senza provocare gelosia.
   3. Una rima... imperfetta.
   4. Può essere libera o seguire un ordine determinato.
   5. La poesia di Omero.
   6. Parte di un poema.
   7. Quattro versi.
   8. Verso di sette sillabe.
   9. La riga della poesia.

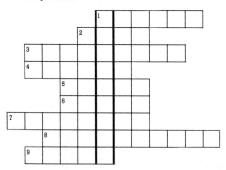

Nel bosco

Un sentimento d'amore espresso attraverso atti invece di parole.

Sono andata nel bosco
nel mattino ricco di luce
vagamente[1] per te sperando cogliere
della musica tenera dell'aria
qualche fresco sussurro di parole,
ed ecco ti porto invece
solo un poco di fragole rosse,
profumano e brillano,
per la tua gioia, o amato.

Sibilla Aleramo, *Selva d'amore. Poesie 1912-42*, Mondadori, 1947.

1. **vagamente:** in modo vago, non chiaro.

Per comprendere il testo

1. Quando va nel bosco l'autrice?
2. Che cosa spera di trovare nel bosco?
3. E che cosa trova invece?
4. A chi porta ciò che ha trovato?
5. Che cosa vuole esprimere col suo dono?

Per conversare

1. Il bosco, le sue luci, i suoi profumi: parlatene.

Per capire la lingua

1. Raccogliete nella tabella tutti gli aggettivi e i sostantivi della poesia che si riferiscono ai cinque sensi.

vista	bosco
udito	
gusto	
olfatto	
tatto	

2. Collegate le frasi della colonna di sinistra con i relativi significati disposti disordinatamente nella colonna di destra.

1. un poco di fragole   A. riassumendo

2. in poche parole   B. è già molto

3. persona
   di poche parole   C. c'è una breve
   distanza da

4. non è poco
   che lo abbia ammesso   D. una piccola
   quantità di fragole

5. c'è poco da qui a casa   E. di scarso rilievo

6. una cosa da poco   F. riservata

7. sa di poco   G. star male

8. sentirsi poco bene   H. gradatamente

9. a poco a poco   I. persona indegna

10. un poco di buono   L. è poco saporita

1	2	3	4	5	6	7	8	9	10
D									

Serenate

Nostalgia di tempi passati: gli anni
della gioventù.

Bastava un pezzetto di luna, e si andava
per serenate. Camminavano le ronde[1]
dei suonatori, con lievi e dolci bisbigli,
per le strade solitarie, sostando sotto i
balconi più famosi, come alle stazioni
di un amoroso calvario.[2]
Grandi ombre di gatti, da una gronda[3]
vertiginosa,[4] vegliavano[5] sul concerto,
imperturbabili[6] come eminenze[7] a conclave.[8]

Gesualdo Bufalino, *Museo d'ombre*, Sellerio, 1982.

1. **ronde:** (termine militare) servizio di vigilanza svolto da
   piccoli gruppi di militari; qui indica i giri fatti nei paesi dai
   piccoli gruppi di suonatori.
2. **stazioni... amoroso calvario:** le soste fatte per cantare le
   serenate d'amore; il termine calvario fa uno scherzoso
   riferimento alle tappe del cammino di Gesù fino al luogo
   della crocefissione.
3. **gronda:** parte del tetto che sporge dal muro esterno delle
   case.
4. **vertiginosa:** sporgente nel vuoto, quindi capace di dare
   le vertigini.
5. **vegliavano:** stavano svegli ad ascoltare.
6. **imperturbabili:** tranquilli.
7. **eminenze:** cardinali.
8. **conclave:** riunione.

Per comprendere il testo

1. Chi e quando andava a fare le serenate?
2. Dove si fermava chi faceva le serenate?
3. Chi faceva ombra dai tetti?
4. A che cosa assomigliavano i gatti sui tetti?

Per conversare

1. Si fanno ancora serenate nel vostro paese? O non si usa farle?

2. Fuori di casa alla sera o di notte: è o è stato un problema per voi da ragazzi? Perché?

Per capire la lingua

1. **Riscrivete il testo al tempo presente.**
   Basta un pezzetto di luna, e si *va...*

2. **Nel testo avete trovato due volte la preposizione** per, **con due significati diversi: spiegateli.**

1. si andava **per** serenate _____

_____

2. camminavano... **per** strade solitarie _____

_____

3. **Nelle frasi seguenti sostituite alla preposizione** per **le preposizioni** di, in, nel, alle.

1. Ho dolori per (in) tutto il corpo.
2. Ho passeggiato per (............) il giardino.
3. Tornerò per (............) le nove.
4. Ci hanno diviso per (............) classi.
5. Mi hanno multato per (............) 5000 lire.
6. Ho preso per (......) moglie una donna più giovane di me.

4. **Nel testo avete trovato il termine** stazione, **spiegato in nota; questo termine può avere altri significati in espressioni diverse. Che significato ha nelle frasi seguenti?**

1. Ti ho aspettato un'ora alla **stazione** ferroviaria (stazione = luogo dove arrivano e partono i treni).
2. Sono stato un mese in cura a una **stazione** termale (stazione = ...).
3. Il lavoro alla **stazione** radio non ha mai termine (stazione = ...).
4. Eravamo rimasti quasi senza benzina, quando per fortuna abbiamo trovato una **stazione** di servizio (stazione = ...).

109

Per la pace

Un appello per la pace nel mondo di Sandro Pertini, allora presidente della Repubblica italiana.

Ogni anno nel mondo milioni di creature umane muoiono per denutrizione.[1] E mentre questa immane[2] tragedia si consuma,[3] miliardi vengono sperperati[4] per costruire ordigni nucleari che, se per dannata ipotesi fossero usati, provocherebbero la fine dell'umanità.

La strage degli innocenti vittime della fame pesa sulla coscienza di ogni uomo di Stato e quindi anche sulla mia.

Per quanto mi riguarda questo peso diviene sempre più insopportabile e quindi insorgo[5] rivolgendo un appello a tutti i capi di Stato perché si uniscano per combattere la fame nel mondo.

Tutti gli uomini di buona volontà e soprattutto chi detiene[6] nelle proprie mani il destino dei popoli debbono unirsi e opporsi con ogni mezzo contro il regno della morte e per l'esaltazione della vita. Siamo ormai legati allo stesso destino: o perire vittime della bomba atomica o vivere in pace affratellati insieme esaltando la vita.

Io sono italiano, ma mi sento anche cittadino del mondo: sono quindi al fianco con fraterna solidarietà di quanti in ogni angolo della terra si battono per i loro diritti civili ed umani e contro la fame.

Ancora una volta ripeto quanto ebbi a dire in Italia e all'estero: si svuotino gli arsenali[7] e si colmino[8] i granai.

Sandro Pertini, *Messaggio per la pace*, 1981.

1. **denutrizione:** stato di debolezza dovuto a scarsità di cibo.
2. **immane:** enorme.
3. **si consuma:** si svolge, si compie.
4. **sperperati:** sprecati, consumati inutilmente.
5. **insorgo:** mi ribello.
6. **detiene:** possiede.
7. **arsenali:** depositi di armi.
8. **colmino:** riempiano.

Per comprendere il testo

1. Che cosa causa ogni anno la morte di milioni di persone?
2. Come vengono spesi intanto miliardi di lire?
3. Che cosa succederebbe se gli ordigni nucleari venissero usati?
4. Chi deve sentire la responsabilità di queste morti?
5. A chi si rivolge Sandro Pertini?
6. Che cosa chiede Pertini ai potenti del mondo?
7. Quali sono le alternative possibili secondo Pertini?
8. A chi si sente spiritualmente vicino?

Per conversare

1. Spiegate e commentate l'ultima frase del presidente Pertini "si svuotino gli arsenali e si colmino i granai".

111

Per capire la lingua

1. Riscrivete il passo del messaggio di Pertini usando il discorso indiretto.

2. Osservate lo schema seguente che rappresenta l'ordinamento politico italiano e confrontatelo con quello del vostro Paese.

3. Segnate con una crocetta le risposte esatte.

1. Il presidente della Repubblica italiana è eletto

	dai cittadini	☐
	dal Parlamento	☐
e dura in carica	2 anni	☐
	5 anni	☐
	7 anni	☐

2. Il Parlamento è formato

dalla Camera dei deputati e dal Senato della repubblica	☐
dai rappresentanti dei partiti di maggioranza	☐

3. La Camera dei deputati e il Senato della repubblica sono eletti

	dai cittadini	☐
	dai partiti al governo	☐

4. I deputati e i senatori restano in carica

	3 anni	☐
	5 anni	☐
	7 anni	☐

Batte la luna soavemente

Un'immagine che nasce nella mente
del poeta prima ancora d'essere colta dai
suoi occhi.

Batte la luna soavemente,[1]
al di là dei vetri,
sul mio vaso di primule:[2]
senza vederla la penso
come una grande primula anch'essa
stupita,
sola,
nel prato azzurro del cielo.

Antonia Pozzi, *Parole* (1939), Mondadori, 1964.

1. **soavemente:** dolcemente, delicatamente.
2. **primule:** fiori gialli, i primi a spuntare in primavera.

Per comprendere il testo

1. Che cosa fa la luna al vaso di primule?
2. Dov'è la luna?
3. Come la immagina l'autrice?

Per conversare

1. Descrivete la scena rappresentata dall'autrice.

2. Descrivete ciò che l'autrice immagina.

Per capire la lingua

1. **Spiegate il significato dell'espressione** Batte la luna... **del
primo verso.**

Il gabbiano

Una protesta contro la crudeltà verso gli animali: un episodio vissuto dà lo spunto per condannare un comportamento assurdo e crudele.

Guarda quel gabbiano, mi dice mia moglie. Un gabbiano al mare non mi sembra un evento sensazionale,[1] ma alzo ugualmente gli occhi dal libro e cerco in aria. No, no, laggiù sulla spiaggia. Allora la cosa cambia, gabbiani sulla spiaggia non ne ho visti mai. Ci alziamo e ci avviciniamo, anche altri bagnanti si avvicinano incuriositi da questo strano uccello marino che zampetta[2] come un papero sulla sabbia. L'animale cerca di scappare, ma senza aprire le ali. Poi, quando è accerchiato, si arresta perplesso.[3]

Qualcuno dice che forse è ferito a un'ala, quando passa un ragazzo del luogo e spiega con naturalezza: gli hanno tagliato le ali, roba dell'anno scorso.[4] E chi è che[5] gli ha tagliato le ali, chiede qualcuno inorridito.[6] Boh, fa il giovane: dei ragazzi.

Guardo il povero gabbiano dalle ali monche,[7] penso alla vita che si è dovuto rifare in terra rimediandosi[8] da mangiare come le galline e considero che la crudeltà sugli animali non è una novità dei nostri giorni.

Però questa del gabbiano con le ali tagliate mi sembra una crudeltà di tipo nuovo. Il gabbiano forse vive con tutti i problemi degli altri uccelli, però dà l'idea di essere più felice, più indipendente, è forte ed elegante come la gente di mare.

C'è un gabbiano famoso, si chiama Jonathan ed è prota-

1. **sensazionale:** che fa sensazione, che colpisce l'attenzione.
2. **zampetta:** si muove a piccoli passi.
3. **perplesso:** indeciso.
4. **roba dell'anno scorso:** fatto avvenuto l'anno scorso (espressione popolare).
5. **chi è che:** forma ridondante e popolare per rafforzare la domanda (chi è colui che ...), si dice comunemente: "E chi gli ha ...".
6. **inorridito:** disgustato.
7. **monche:** tagliate, mutilate (vedi nota 15).
8. **rimediandosi:** procurandosi in qualche modo.

gonista di un libro:[9] un giovane gabbiano che vuole diventare pilota acrobatico[10] e si allena a frenare con le ali dopo vertiginose picchiate[11] e vola rasente[12] quando il mare è in burrasca inebriandosi[13] di schiuma lucente. Forse bisognerebbe scrivere un altro libro su questo povero e goffo[14] gabbiano mutilato[15] che non può più librarsi[16] come un aquilone al tramonto, non può più tuffarsi per prendere pesci ma deve razzolare[17] tra i bidoni dei rifiuti. Era troppo libero, troppo ottimista, troppo privilegiato con tutto quel mare e quel sole. Così con due colpi di forbici alle sue penne l'hanno punito condannandolo a una vita da tacchino. La rabbia e la noia di questo tempo possono sfogarsi anche così.

Luca Goldoni, *Non ho parole* (1978), Mondadori, 1985.

9. **libro:** il romanzo di Livingstone *Il gabbiano Jonathan*.
10. **pilota acrobatico:** pilota capace di fare acrobazie con il suo aereo.
11. **vertiginose picchiate:** rapide discese, quasi verticali.
12. **rasente:** sfiorando l'acqua.
13. **inebriandosi:** esaltandosi, provando grande piacere.
14. **goffo:** impacciato, con movimenti privi di eleganza.
15. **mutilato:** privato di una parte.
16. **librarsi:** stare sospeso nell'aria.
17. **razzolare:** raspare con le zampe o con il becco per trovare cibo.

Per comprendere il testo

1. Dove si svolge la scena raccontata?
2. Chi indica il gabbiano all'autore?
3. Dove guarda l'autore per vedere il gabbiano?
4. Dov'è invece il gabbiano?
5. Che cosa fanno l'autore, sua moglie e altri bagnanti?
6. Che fa il gabbiano?
7. Che cosa dice il ragazzo del luogo?
8. Quali sono le considerazioni dell'autore?
9. Chi è Jonathan?
10. Come si mantiene in vita il gabbiano con le ali tagliate?

Per conversare

1. Commentate le parole dell'autore: "La rabbia e la noia di questo tempo possono sfogarsi anche così".

2. Casi di crudeltà verso gli animali: ne conoscete? Raccontate.

Per capire la lingua

1. Nel brano sono riportate alcune battute di discorso diretto senza le abituali virgolette (" "); inseritele voi.

2. Spiegate il significato delle seguenti espressioni.

1. Allora la cosa cambia / Allora è diverso.

2. Si crede chissà che cosa.

_____

3. Non ha cura delle sue cose.

_____

4. Le cose di casa.

_____

5. Le cose stanno precipitando.

_____

6. Buone cose!

_____

7. Per prima cosa...

_____

8. Sopra ogni cosa.

_____

9. Mettere le cose in chiaro.

_____

10. Fare le cose in grande.

_____

11. Cosa fatta capo ha.

_____

La storia

Affermare una convinzione: anche la poesia può essere un mezzo di convincimento.

Io cammino
per un bosco di larici[1]
e ogni mio passo è storia.

Io penso, io amo, io agisco,
e questo è storia.

Forse non farò cose importanti,
ma la storia è fatta
di piccoli gesti
e tutte le cose
che farò prima di morire
saranno pezzetti di storia
e tutti i pensieri di adesso
faranno la storia di domani.

Italo Calvino, *Il sentiero dei nidi di ragno* (1947), Einaudi, 1984.

1. **larici:** alberi resinosi, simili all'abete, che crescono in montagna.

Per conversare

1. Qual è il significato della poesia?

2. Siete d'accordo? Discutetene.

Per capire la lingua

1. Spiegate il significato delle espressioni in nero nelle frasi seguenti.

1. Oggi l'**ora di storia** è stata molto interessante.
2. La **storia naturale** è la materia che preferisco.
3. Questo fatto **passerà alla storia**.
4. Finiscila di **raccontare storie**!
5. Ogni sera la nonna **racconta lunghe storie** ai nipotini.
6. **Finiscila con questa storia**!
7. Obbedisci senza **fare storie**!

Ragazzo mio

I consigli di un padre al figlio in una canzone
degli anni sessanta: anche le canzoni possono
essere un modo per esprimere un ideale
di vita.

Ragazzo mio,
un giorno ti diranno che tuo padre
aveva per la testa grandi idee
ma in fondo, poi, non ha concluso niente.
Non devi credere, no, vogliono far di te
un uomo piccolo,
una barca senza vela;
ma tu non credere, no, ché appena s'alza il mare
gli uomini senza idee
per primi vanno a fondo.

Ragazzo mio,
un giorno i tuoi amici ti diranno
che basterà trovare un grande amore
e poi voltar le spalle a tutto il mondo.
Non devi credere, no, non metterti a sognare
lontane isole
che non esistono;
ma tu non credere, ma se vuoi amare l'amore
tu non gli chiedere
quello che non può dare.

Ragazzo mio,
un giorno sentirai dir dalla gente
che al mondo stanno bene solo quelli
che passano la vita a non far niente.
Non devi credere, no, non essere anche
tu un acchiappa-nuvole
che sogna di "arrivare";[1]
non devi credere, no, non invidiare chi
vive lottando, invano,
col mondo di domani.

Canzone composta nel 1964 da Luigi Tenco.

---

1. **arrivare:** farsi una posizione, emergere socialmente.

Per comprendere il testo

1. A chi si rivolge il protagonista della canzone?
2. Che cosa dice di lui la gente?
3. Che cosa dice invece lui al figlio?
4. Che idea hanno dell'amore gli amici del figlio?
5. Che cosa dice invece il padre dell'amore?
6. Chi sta bene al mondo secondo la gente?
7. Cosa pensa invece il padre?

Per conversare

1. Cercate di esprimere sinteticamente il significato di questa canzone.

2. Discutete la tesi sostenuta dall'autore.

Per capire la lingua

1. **Spiegate il significato delle seguenti immagini presenti nel testo della canzone.**

1. aveva per la testa grandi idee
2. vogliono fare di te un uomo piccolo
3. una barca senza vela
4. gli uomini senza idee per primi vanno a fondo
5. voltar le spalle al mondo
6. sognare lontane isole
7. essere un acchiappa-nuvole

2. **Nel testo avete visto un uso particolare del verbo** fare **(far di te** = farti diventare). Fare **è un verbo per tutti gli usi, ma che può essere sostituito da altri verbi meno generici a seconda dei casi. Nelle frasi seguenti sostituite il verbo** fare **con il verbo più adatto, scelto tra quelli qui elencati:**
fabbricare - sostenere - tagliare - radere - dipingere - percorrere - scattare - stipulare - frequentare - comporre - esercitare - eseguire.

1. fare una casa _____
2. fare un compito _____
3. fare un mestiere _____
4. fare un esame _____
5. fare i capelli _____
6. fare la barba _____
7. fare un quadro _____
8. fare una canzone _____
9. fare chilometri _____
10. fare una foto _____
11. fare un contratto _____
12. fare l'università _____

119

Giovanni Fattori,
La Rotonda di Palmieri, **1866**

Un equivoco

Un dialogo ambiguo, dall'effetto umoristico,
a causa di un equivoco linguistico.

Quando Galileo,[1] osservando le oscillazioni del pendolo,[2] fece la grande scoperta, per prima cosa andò a dar la notizia al Granduca.[3]

«Eccellenza,» gli disse «ho scoperto che il mondo si muove.»

«Ma davvero?» fece il Granduca, meravigliato e anche un po' allarmato. «E come l'avete scoperto?»

«Col pendolo.»

«Accidenti! Colpendolo con che cosa?»

«Come, con che cosa? Col pendolo, e basta. Non c'era nient'altro, quando ho fatto la scoperta.»

«Ho capito. Ma colpendolo con che cosa? Con un oggetto contundente?[4] Con un'arma? Con la mano?»

«Col pendolo, soltanto col pendolo.»

«Benedetto uomo,[5] ho capito. Avete scoperto che il mondo si muove colpendolo. Cioè, che si muove quando lo si colpisce. Bisogna vedere con che cosa lo si colpisce. Non potete averlo colpito con niente. E ci vuole un bell'aggeggio[6] per colpire il mondo in modo da farlo muovere.»

Il grande astronomo e matematico si mise a ridere di cuore.

«Eccellenza,» disse «ma voi credete che "col pendolo" vada legato con "si muove". No. Va legato con "ho scoperto". Col pendolo ho scoperto che il mondo si muove. L'ho scoperto col pendolo.»

1. **Galileo:** Galileo Galilei (1564-1642), scienziato e filosofo, uno dei maggiori pensatori del Seicento.
2. **pendolo:** corpo sospeso a un filo, che si muove oscillando.
3. **Granduca:** Cosimo II de' Medici, granduca di Toscana, protettore di Galilei.
4. **contundente:** che produce contusioni.
5. **Benedetto uomo:** esclamazione di impazienza.
6. **aggeggio:** si dice di un oggetto di cui non si conosce il nome.

«Colpendo il mondo. Ho capito.»
«Ma no. Col pendolo. Col pendolo!»
«Ma colpendo chi, allora? E con che?»
«Ma non colpendolo. Col pendolo!»
«Che modo di ragionare! Non colpendolo, ma colpendolo!»
Insomma, dovette scriverglielo su un pezzo di carta.

Achille Campanile, *Vita degli uomini illustri*, Rizzoli, 1975.

Per comprendere il testo

1. Che scoperta ha fatto Galileo?
2. Durante il dialogo quale suggerimento dà Galileo al granduca per chiarire l'equivoco?
3. Come riesce, alla fine, a chiarire l'equivoco?

Per conversare

1. Spiegate in che cosa consiste l'effetto umoristico del brano.

Per capire la lingua

1. **L'equivoco si sarebbe chiarito se Galileo non avesse usato la preposizione articolata?**
   Verificatelo dividendo col **in preposizione e articolo e sostituendoli nel testo.**

2. **Spiegate il significato delle seguenti parole, che hanno la stessa radice** pend.

1. pendola   _____
2. pendulo   _____
3. pendente   _____
4. pendaglio   _____
5. pendio   _____
6. pendolare a _____
              b _____
7. pendenza a _____
              b _____
8. pendolino _____

3. Gerundio + pronome. **Sostituite i nomi in nero col loro pronome secondo l'esempio.**
   Galileo, osservando *le oscillazioni*, fece la grande scoperta / Galileo, osservando*le*, fece la grande scoperta.

1. Eccellenza, guardando **il pendolo** (..................................), ho scoperto che il mondo si muove.
2. Facendo **la scoperta** (..................................), avevo solo un pendolo.
3. Scoprendo **il moto terrestre** (..................................), mi son fatto dei nemici.
4. Scrivendo **"col pendolo"** (..................................) su un pezzo di carta, mi son fatto capire.
5. Non è colpendo **il mondo** (..................................) con un aggeggio che ho fatto la scoperta.

4. **Provate ora a risolvere gli stessi gerundi con proposizioni di modo finito.**
   Galileo, *mentre osservava* le oscillazioni, fece la grande scoperta.

Salvataggio

Un dialogo drammatico tra un bambino
prigioniero delle macerie di una casa
distrutta dal terremoto e un soldato che da
venti ore lotta per salvarlo.

Il soldato disse: «Stai tranquillo, Paolo».
«Sono tranquillo,» disse il bambino con quel po' di
voce che gli rimaneva.
«Questa volta ti tiriamo fuori.»
«Anche prima hai detto che mi tiravi fuori.»
«Prima ho detto che stavamo lavorando,» disse il soldato:
«non ti ho mai detto bugie».
«Bruno,» chiamò il bambino.
«Sono qui, Paolo,» disse il soldato.
«Ci vorrebbe uno di quei mezzi cingolati[1] potenti che
hanno gli americani,» disse il bambino. «Voi li avete
mezzi cingolati così potenti?»
«Sì, ma non servono,» disse il soldato.
«Bruno, non voglio che un altro prenda il tuo posto,»
disse il bambino.
Il soldato infilò il braccio nella stretta apertura tra le
macerie della casa che da venti ore tenevano prigioniero
il bambino e lo accarezzò: «Nessuno prenderà il mio
posto,» disse.
«Quando mi hai tirato fuori stai ancora con me?» disse
Paolo.
«Certo,» disse il soldato steso sui calcinacci,[2] il braccio
allungato verso il bambino. Aveva i lineamenti affilati,[3]
la faccia impastata di polvere e sudore, l'espressione
calma e negli occhi un dolore senza lacrime, come un
immobile furore.
Prima che la terra tremasse[4] il soldato e il bambino non
si conoscevano. Se la terra non avesse tremato non si
sarebbero incontrati mai. A venti ore dal cataclisma
erano una sola persona, più che fratelli.

1. **mezzi cingolati:** automezzi a cingoli, cioè dotati di una
   catena di piastre metalliche sulle ruote motrici, per
   avere aderenza su qualsiasi terreno.
2. **calcinacci:** rovine.
3. **affilati:** tesi, contratti (per lo sforzo e la tensione).
4. **Prima che la terra tremasse:** prima del terremoto.

«Bruno,» disse il bambino, «perché il terremoto?»

«Stai bene attento,» disse il soldato, «che adesso ti tiriamo fuori.» I militari avevano praticato[5] un foro abbastanza grande. Intervennero un infermiere e un medico e cominciarono l'operazione che durò pochi minuti. O un'eternità. Paolo Fabris uscì dal ventre della terra come se nascesse per la seconda volta. Disse: «Bruno, dove sei?». Poi svenne.

Il soldato in ginocchio sulle macerie rideva e piangeva.

Nullo Cantaroni, in "L'Europeo".

5. **praticato:** fatto.

Per comprendere il testo

1. Perché il soldato afferma di non aver mai detto bugie al bambino?
2. Secondo il bambino che cosa sarebbe utile per liberarlo?
3. Il soldato è d'accordo?
4. Che cosa promette di fare il soldato, fino a quando il bambino sarà liberato?
5. Che cosa desidera ancora da lui il bambino?
6. Da quanto tempo si conoscono i due?
7. Chi interviene alla fine per liberare il bambino?

Per conversare

1. Spiegate e commentate le seguenti espressioni del brano:
   – ... erano una sola persona, più che fratelli.
   – ... l'operazione ... durò pochi minuti. O un'eternità.
   – ... come se nascesse per la seconda volta.

Per capire la lingua

1. Catastrofi naturali. Riempite le caselle secondo le definizioni. Alla fine, nella colonna segnata in nero, leggerete le conseguenze delle catastrofi.

1. Violenta vibrazione della crosta terrestre.
2. Le provocano i fiumi in piena.
3. Sono frequenti in montagna.
4. Temporale molto violento con pioggia e vento.
5. Cedimenti di masse terrose o rocciose.
6. Movimento dell'acqua del mare dovuto a scosse del fondo marino.

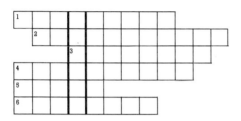

2. In nota avete trovato il significato dell'espressione mezzi cingolati; **con l'aiuto del vocabolario trovate i significati di queste espressioni analoghe.**

1. mezzi audiovisivi _____

_____

2. mezzi di trasporto _____

_____

3. mezzi di sussistenza _____

_____

4. mezzi di produzione _____

_____

3. A ciascuno dei seguenti modi di dire (frasi idiomatiche) collegate il relativo significato.

1. trovare la via di mezzo	A. essere coinvolto, pagare le conseguenze
2. andar di mezzo	B. uccidere
3. levar di mezzo qualcuno	C. ridurre alla povertà
4. buttare in mezzo alla strada	D. raggiungere una mediazione

1	2	3	4

La telefonata

Un dialogo difficile: la moglie del poeta è
morta da poco, chi telefona non lo sa
e ne chiede notizie...

Riemersa da un'infinità di tempo[1]
Celia la filippina ha telefonato
per avere tue[2] notizie. Credo stia bene, dico,
forse meglio di prima. «Come, crede?
Non c'è più?» Forse più di prima, ma...
Celia, cerchi d'intendere...[3]
                              Di là dal filo,
da Manila o da altra
parola dell'atlante[4] una balbuzie[5]
impediva[6] anche lei. E riagganciò[7] di scatto.

Eugenio Montale, *Xenia* (1966), in *Tutte le poesie*, Mondadori, 1984.

1. **Riemersa... tempo:** rifattasi viva, dando notizie di sé, dopo
   tanto tempo.
2. **tue:** della moglie.
3. **intendere:** capire.
4. **altra parola dell'atlante:** altro luogo conosciuto solo come
   un nome sulle pagine dell'atlante geografico.
5. **una balbuzie:** un balbettio, un tremolare della voce.
6. **impediva:** impediva di parlare.
7. **riagganciò:** rimise al suo posto la cornetta del telefono.

Per comprendere il testo

1. A chi si rivolge il poeta?
2. Chi telefona al poeta?
3. Da dove?
4. Perché?
5. Che cosa risponde il poeta?
6. Perché Celia interrompe la telefonata?

Per conversare

1. Spiegate e commentate le due frasi:
   – Credo stia bene, forse meglio di prima.
   – Forse più di prima...

Per capire la lingua

1. **Nel testo solo le parole di Celia sono chiuse dalle virgolette del discorso diretto, ma anche il poeta dialoga: mettete le virgolette del discorso diretto anche alle parole del poeta.**

2. **Eccovi una storiella figurata con i fumetti vuoti: riempiteli con le battute di dialogo date qui di seguito senza ordine.**

   Ti avevo detto di essere a casa per cena! — Tutti all'Astoria allora! — Vado al cinema con gli amici. — Allora, Franco, andiamo al cinema dopo mangiato? — C'è un bel western al Metropol e un giallo al Capitol... Dove andiamo? — D'accordo, ci troviamo al solito bar. — Va bene, ma torna per l'ora di cena. — Scusa, ma lo spettacolo è stato più lungo del solito.

Renzo e Musetta

Una conversazione vivace, tra una ragazza di quartiere (nella Firenze dei primi del Novecento) e un ragazzo nuovo arrivato: il primo incontro e forse la nascita di un amore.

E gli arrossì, ed anche lei, vedendolo arrossire. Poi lui disse:

«Tu come ti chiami?»

«Musetta. Tu, Renzo, lo so. La tua mamma ha già fatto amicizia con la mia, e con le altre donne.»

«Sei la figliola del caposquadra della Nettezza,[1] vero?»

«Sì, e mia sorella è la padrona della carbonaia.»[2]

«Chi è quella tua amica con le trecce sulle spalle?»

«Adele, ma con lei non c'è nulla da fare. È fidanzata a mio fratello.»

«Lo chiedevo per curiosità. E quella bassina?»

«Piccarda, dici? È la sorella dell'ex ferroviere che abita al n. 2. Anzi, è la cognata della sorella di Adele, perché Bruno, l'ex ferroviere, ha sposato Clara. E i loro genitori si sono messi insieme... Già a spiegarlo è piuttosto complicato, ma basta che ti affiati[3] con la strada, e vedrai che non c'è nulla di straordinario. In via del Corno, anche se a volte c'è buriana,[4] ci vogliamo tutti bene.»

«Me ne accorgo! Siete tutti parenti!»

«Siamo tutti una ghega,[5] dice lo Staderini. Lo Staderini saprai chi è, spero.»

«Mi ha recitato un canto dell'Inferno[6] mentre mi metteva una toppa a questa scarpa.»

«Dante è la sua fissazione, ma in via del Corno non lo

---

1. **Nettezza:** la Nettezza urbana, il servizio comunale per la pulizia delle strade.
2. **carbonaia:** il negozio dove si vende il carbone.
3. **ti affiati:** ti ambienti.
4. **buriana:** confusione, scompiglio, chiasso di persone che litigano (termine popolare).
5. **ghega:** banda (termine popolare toscano).
6. **Inferno:** la prima cantica (le altre due sono il Purgatorio e il Paradiso) del poema la *Divina commedia*, di Dante Alighieri (1265 - 1321).

ascolta più nessuno. È costretto a declamare[7] nella betto-la[8] di via dei Saponai.»

«Eppure recita i versi come un professore! Ti piacciono le poesie?»

«Le capisco poco, e a te piacciono?»

«A me sì... Leggere ti piace?»

«Abbastanza, ma non trovo mai il tempo.»

«Io ho una biblioteca di quattordici volumi. Se vuoi ti posso prestare qualche romanzo.»

«Parlano d'amore?»

«Anche...»

Vasco Pratolini, *Cronache di poveri amanti* (1947), Mondadori, 1985.

7. **declamare:** recitare.
8. **bettola:** osteria.

Per comprendere il testo

1. Come mai Musetta conosce già il nome di Renzo?
2. Chi sono il padre e la sorella di Musetta?
3. Con chi è fidanzato il fratello di Musetta?
4. Dove abitano i due ragazzi?
5. Che mestiere fa lo Staderini?
6. Dove recita poesie?
7. A quale dei due ragazzi piacciono le poesie?
8. Chi dei due possiede una piccola biblioteca?
9. Perché i due ragazzi arrossiscono?

Per conversare

1. Vita di quartiere ai primi del Novecento: è diversa ora? Perché?

2. Anche voi avete una biblioteca? Parlatene: quanti volumi ha? Di che genere?

Per capire la lingua

1. **Parentele. Nel testo avete trovato alcuni esempi di parentela. Completate la tabella seguente.**

fratelli	nati dagli stessi genitori
zio	
	figlio del figlio o della figlia figlio del fratello o della sorella
nonno	
	figlio dello zio o della zia
	marito della sorella
	fratello del marito o della moglie
suocero	
	moglie del figlio
genero	

2. **Nella domanda "Tu come ti chiami?" sostituite a** tu **i pronomi:** voi, lei, lui, loro, esse.

Intervista a una scrittrice

Una forma particolare di dialogo è l'intervista, un colloquio che si ha con una persona dalla quale si vuole ottenere informazioni. In questo caso, l'intervistata è la scrittrice Natalia Ginzburg, di cui potete trovare alcuni brani nell'antologia.

DOMANDA. Ripensi con piacere alla tua infanzia?

RISPOSTA. Ci penso poco. Ma quando ci penso, lo faccio con piacere.

D. Hai avuto un'infanzia felice?

R. In un certo senso sì. La cosa che più mi tormentava[1] era la sensazione di essere poco amata in famiglia. Mi ricordo che inventavo le malattie per attirare l'attenzione su di me. Volevo stare male e invece stavo sempre bene.

D. In che rapporti eri con i tuoi?[2]

R. Avevo un padre severo che faceva delle tremende sfuriate.[3] Poi c'erano le liti fra i fratelli. Le liti fra mio padre e mia madre.

D. E tu avevi l'impressione di qualcosa di anormale, di angoscioso che succedeva solo nella tua famiglia o di una cosa abbastanza comune?

R. Credevo che succedesse solo a noi. Mi sembrava che le altre famiglie fossero più tranquille. Ma poi ho scoperto che non è così. Ho anche scoperto che quelle sfuriate che io credevo gravissime, erano delle sciocchezze. Mio padre per esempio una mattina si svegliava e non trovava un paio di calze e cominciava a gridare.

D. Com'eri da bambina? Che carattere avevi?

R. Ero abbastanza allegra, ma non molto vivace, non molto loquace.[4]

D. Eri una bambina chiusa?

R. Sì.

---

1. **mi tormentava:** mi dispiaceva, mi preoccupava.
2. **i tuoi:** i tuoi familiari.
3. **sfuriate:** sgridate.
4. **loquace:** che parla volentieri.

D. Permalosa?[5]

R. No. Sensibile. Ogni parola mi sembrava un rimprovero. Ma non ero permalosa.

D. Hai sempre vissuto a Torino durante l'infanzia?

R. No. Sono nata a Palermo. Ma di Palermo non ricordo niente. Sono andata via che avevo tre anni. I miei ricordi risalgono ai sette anni.

D. Sono ricordi di scuola?

R. Fino alle medie non sono mai andata a scuola.

D. Come mai?

R. Mio padre aveva l'idea che a scuola si prendono le malattie. Mi faceva venire delle maestre in casa. Sono andata a scuola per la prima volta a undici anni.

Dacia Maraini, *E tu chi eri?*, Bompiani, 1973.

5. **Permalosa:** che si offende facilmente.

Per comprendere il testo

1. L'intervistata pensa spesso alla propria infanzia?
2. Com'è stata la sua infanzia?
3. Che cosa pensava da ragazzina?
4. Che cosa faceva per attirare l'attenzione su di sé?
5. Com'era suo padre?
6. Chi litigava nella sua famiglia?
7. Che cosa pensava delle altre famiglie?
8. Che carattere aveva da bambina?
9. A che età ha cominciato ad andare a scuola?
10. Prima come aveva studiato?

Per conversare

1. Perché l'intervistata da bambina voleva star male? Commentate questo atteggiamento.

2. Qualche lite in famiglia: perché avviene?

Per capire la lingua

1. Raccontate un pezzo dell'intervista usando il discorso indiretto.

L'intervistatrice chiede all'intervistata se pensa con piacere alla sua infanzia e lei risponde che ci pensa poco, ma quando ci pensa lo fa con piacere...

2. Inventate delle semplici battute di dialogo per ciascuna delle seguenti vignette.

ragazzo _____

vigile _____

1ª donna _____

2ª donna _____

ragazzo _____

ragazza _____

Intervista
a un campione

Il tipo di intervista più frequente nei giornali italiani è quella fatta ai campioni dello sport. Ecco un'intervista fatta a Paolo Rossi, centravanti della nazionale di calcio, dopo la vittoria dell'Italia ai mondiali del 1982.

TORINO, 5 — "Cos'è lo sport oggi in Italia? Proprio io devo rispondere? Ci sono giorni che[1] nemmeno so chi sono io." Eppure Paolo Rossi mi sembrava un buon punto di partenza per cominciare il viaggio attorno allo sport italiano. Lui ci è dentro,[2] ora sulla cresta dell'onda ora nel risucchio.[3] Si sarà pure guardato dentro e attorno. "Questo sì. E ricordo una definizione lapidaria[4] di Eddy Merckx:[5] lo sport è vincere. La condivido;[6] nel senso che mi ritengo un agonista.[7] Anche quando gioco a tennis con Marocchino[8] io gioco per vincere, lui gioca per giocare. La mia realtà è lo sport professionistico, il calcio, e di quello mi sento autorizzato a parlare. Con tutto il rispetto per quelli che fanno footing[9] la mattina presto o la sera dopo l'ufficio. Sono nel giusto anche loro, non riempiranno i giornali ma sono nel giusto."
È che voi del calcio vi mangiate tutto lo spazio.
"Infatti, il calcio è entrato mostruosamente[10] nelle case già prima che vincessimo il Mundial. E questo ha cambiato molte cose. Io, per esempio, quand'ero bambino e andavo al Comunale[11] di Firenze a vedere Hamrin,[12] manco[13] sapevo dove abitasse. Stavo aggrappato alle

1. **che:** in cui.
2. **ci è dentro:** è dentro a ciò (allo sport); è nello sport.
3. **risucchio:** vortice che trascina in basso.
4. **lapidaria:** concisa, con il tono di una sentenza (da scolpire sulla lapide).
5. **Eddy Merckx:** grande campione di ciclismo degli anni settanta, belga.
6. **condivido:** sono d'accordo con (la definizione).
7. **agonista:** chi partecipa a una gara per cercare di vincere.
8. **Marocchino:** ex compagno di squadra (la Juventus) di Paolo Rossi.
9. **fanno footing:** corrono a piedi per tenersi in forma.
10. **mostruosamente:** in maniera eccessiva.
11. **Comunale:** lo stadio di calcio di Firenze.
12. **Hamrin:** campione di calcio svedese, che aveva giocato a lungo nella Fiorentina.
13. **manco:** neppure (popolare).

inferriate del *parterre*[14] per vedere le finte,[15] da vicino, e poi col mio babbo si tornava a Prato.[16] Hamrin, in sostanza, era un campione la domenica, poi spariva. Adesso no, adesso sembra che tutti vogliano sapere che tipo è tua moglie. Insomma il calciatore è sempre in prima fila, e questo ha i suoi lati negativi. Preciso che non mi sto lamentando. Ho sempre cercato di non cambiare vita, abitudini, amicizie. Sette-otto anni fa credevo che bastasse giocare bene, che tutto fosse circoscritto[17] al campo di gioco, adesso ho imparato che non è così e che lo sportivo[18] in Italia ha grossi problemi di immagine."

"La Stampa", Torino.

14. ***parterre:*** la parte bassa dello stadio al di là del recinto di gioco (il termine è francese ed è usato qui impropriamente).
15. **finte:** mosse fatte per ingannare e superare l'avversario.
16. **Prato:** cittadina a pochi chilometri da Firenze.
17. **circoscritto:** limitato.
18. **lo sportivo:** lo sportivo professionista.

Per comprendere il testo

1. Qual è la prima domanda che viene fatta a Paolo Rossi?
2. Qual è l'opinione di Paolo Rossi sullo sport?
3. Come si comporta quando fa sport?
4. Di che cosa si sente autorizzato a parlare? Perché?
5. Che cosa faceva da bambino alla domenica?
6. Quale giocatore ammirava?
7. Dove abitava?
8. Ha voluto cambiare stile di vita dopo essere diventato campione?
9. Quali problemi ha oggi, in Italia, lo sportivo professionista?

Per conversare

1. Paolo Rossi: un famoso campione degli anni settanta-ottanta. Cosa sapete di lui? Parlate di qualche altro grande campione che ammirate.

2. Il calcio: un fenomeno sportivo e sociale. Parlatene.

3. Praticate uno sport? Quale? Perché?

Per capire la lingua

1. Segnate con una crocetta il significato corretto delle seguenti espressioni.

1. il viaggio attorno allo sport italiano

un giro
nei maggiori stadi italiani ☐
un viaggio
a piedi per l'Italia ☐
un'indagine per capire
che cos'è lo sport in Italia ☐

2. essere sulla cresta dell'onda

godere
del favore generale ☐
essere applaudito ☐
essere buttato a mare ☐

3. con tutto il rispetto per quelli che fanno footing...

rispetto chi fa footing,
ma il professionismo
è un'altra cosa ☐
rispetto chi fa footing,
ma io guadagno di più ☐
riconosco che chi fa
footing, fa pure dello sport ☐

4. vi mangiate tutto lo spazio

non lasciate soldi agli altri ☐
occupate
tutto lo spazio dei giornali ☐
occupate
tutta l'attenzione dei tifosi ☐

5. vogliono sapere che tipo è tua moglie

vogliono
ammirare tua moglie ☐
vogliono sapere
se hai una bella moglie ☐
vogliono conoscere
la tua vita privata ☐

6. il calciatore è sempre in prima fila

corre
sempre più degli altri ☐
vede sempre
gli spettacoli
nelle file più vicine ☐
è sempre esposto
alla curiosità di tutti ☐

7. ha grossi problemi di immagine

non sa più
cosa immaginare ☐
deve stare attento
all'immagine che dà di sé ☐
vede sempre la propria
immagine sui giornali ☐

2. Le parole del calcio. Riempite le caselle secondo le definizioni. Alla fine, nella colonna segnata in nero leggerete il ruolo di chi, nella squadra di calcio, è detto anche il regista.

1. Si batte dalla bandierina del corner.
2. Gli ultimi difensori.
3. Le fischia l'arbitro.
4. Vince chi ne fa di più.
5. La massima punizione.
6. Quella italiana ha vinto tre campionati mondiali.
7. Il ruolo di Paolo Rossi.
8. Prepara la squadra e studia le tattiche di gioco.
9. Ha cura dei muscoli degli atleti.
10. I suoi errori sono irreparabili.
11. Arma del giocatore per liberarsi dell'avversario.
12. Non gioca, ma è a disposizione.
13. Il nemico della difesa.
14. La squadra ne ha due... come gli uccelli.

3. Sull'esempio delle seguenti frasi del brano coniugate al congiuntivo i verbi tra parentesi.

a) Prima che *vincessimo* il Mundial.
b) Non sapevo dove *abitasse*.
c) Sembra che tutti *vogliano* sapere.
d) Credevo che *bastasse* giocare bene.

1. Ci voleva del tempo prima che io (imparare) .... le finte di Hamrin.

2. Ci vorrà del tempo prima che tu (imparare) .... a giocar bene al calcio.

3. Sembrava che per lui lo sport (essere) .... vincere.

4. Non so dove tu (fare) .... footing dopo l'ufficio.

5. Non sapevo che tutti (essere) .... andati allo stadio.

6. Sembrava che per Rossi lo sport (essere) .... vincere.

Sciopero dei telefoni

Una conversazione disordinata dove
gli interlocutori si intrecciano confusamente:
nella rete telefonica si è inserito
un personaggio misterioso, che mette
scompiglio nei dialoghi in corso.

Si udì a questo punto una voce d'uomo, nuova, bellissima, giovanilmente aperta e autoritaria, che stupiva per la eccezionale carica di vita:
«Clara, se mi permette glielo dico io, lei domani si metta la gonna blu dell'anno scorso con il golf viola che ha appena dato da smacchiare... E il cappellino nero, intesi?».[1]
«Ma lei, chi è?» La voce della Clara era cambiata, adesso aveva una incrinatura[2] di spavento. «Mi vuol dire chi è?» L'altro tacque.
Allora la Franchina: «Clara, Clara, ma come fa questo qui[3] a sapere?...».
L'uomo rispose molto serio: «Io parecchie cose so».
La Clara: «Storie![4] Lei ha tirato a indovinare!».
Lui: «Ho tirato a[5] indovinare? Vuole che le dia un'altra prova?».
La Clara titubante:[6] «Su, su coraggio».
Lui: «Bene. Lei, signorina, mi stia bene a sentire, lei signorina ha una lenticchia,[7] una piccola lenticchia... ehm, ehm... non posso dirle dove...».
La Clara, vivamente: «Lei non può saperlo!».
Lui: «È vero o non è vero?» «Lei non può saperlo!» «È vero o non è vero?» «Giuro che nessuno l'ha vista mai, giuro, tranne la mamma!»
«Vede che ho detto giusto?»
La Clara quasi si metteva a piangere: «Nessuno l'ha mai vista, questi sono scherzi odiosi!». Allora lui rasserenante: «Ma io non dico mica[8] di averla vista, la sua piccola

---

1. **intesi?:** d'accordo?
2. **incrinatura:** un accenno, un inizio, una nota.
3. **qui:** rafforza il pronome dimostrativo "questo".
4. **Storie!:** fandonie, frottole, balle!
5. **Ho tirato a:** ho provato a, ho cercato di.
6. **titubante:** con esitazione.
7. **lenticchia:** neo, piccola macchia sulla pelle.
8. **mica:** affatto (rafforza la negazione; viene considerata parola dialettale).

lenticchia, io ho detto soltanto che lei ce l'ha!».

Un'altra voce d'uomo: «E piantala, buffone!». L'altro, pronto: «Adagio lei, Giorgio Marcozzi fu[9] Enrico, di anni 32, abitante in passaggio[10] Chiabrera 7, altezza uno e 70, ammogliato, da due giorni ha mal di gola, ciononostante sta fumando una nazionale esportazione.[11] Le basta?... È tutto esatto?».

Il Marcozzi, intimidito: «Ma lei chi è? Come si permette?... Io... io...».

L'uomo: «Non se la prenda.[12] Piuttosto, cerchiamo di stare un poco allegri, anche lei Clara: è così raro trovarci in una così bella e cara compagnia».

Dino Buzzati, *Sessanta racconti* (1958), Mondadori, 1985.

9. **fu:** figlio del defunto.
10. **passaggio:** breve via, a volte coperta, che facilita il passaggio fra due grandi vie o piazze.
11. **nazionale esportazione:** tipo di sigaretta italiana molto comune.
12. **Non se la prenda:** non si arrabbi.

Per comprendere il testo

1. Che tipo di voce ha l'uomo che si inserisce nella conversazione tra Clara e Franchina?
2. Che cosa suggerisce a Clara la voce dello sconosciuto?
3. Clara crede che lo sconosciuto sappia veramente quello che dice?
4. Quando se ne convince?
5. Chi ha visto la lenticchia di Clara?
6. Come si chiama l'altro uomo che interviene nella conversazione?
7. E quanti anni ha?
8. Che cosa sta facendo in quel momento?

Per conversare

1. Vi è mai successo di inserirvi casualmente in una conversazione telefonica o che qualcuno si sia inserito nella vostra conversazione telefonica? Raccontate.

Per capire la lingua

1. **Seguendo la traccia che vi diamo, inventate una breve conversazione telefonica tra due persone che non si conoscono, una delle quali ha bisogno di un'informazione dall'altra.** (Ricordate che chi telefona deve prima di tutto presentarsi.)

   A. Pronto?
   B. Pronto.
   A. Buongiorno. Sono ...; ho bisogno di un'informazione.
   B. Dica pure ... se posso esserle utile.

   _____

   _____

   A. Grazie. Arrivederla.
   B. Di nulla. Arrivederla.

2. **Fate lo stesso immaginando che gli interlocutori siano due amici che si mettono d'accordo per recarsi insieme a vedere la partita di calcio.**

   MARIO. Pronto? Gianni?
   GIANNI. Ciao Mario. Che c'è?

   _____

   _____

   _____

   MARIO. Ciao!
   GIANNI. Ciao!

3. **In nota avete trovato il significato dell'espressione** tirare a indovinare; **collegate queste altre espressioni idiomatiche della colonna di sinistra con i loro significati disposti disordinatamente nella colonna di destra.**

1. tirare a campare	A. ritirarsi da un'impresa
2. tirar tardi	B. fare il proprio interesse
3. tirare i remi in barca	C. far passare il tempo fino a tardi
4. tirare avanti	D. allevare
5. tirare diritto	E. rinunciare
6. tirare sul prezzo	F. far intervenire
7. tirarsi indietro	G. cercare di pagare meno
8. tirare gli orecchi	H. continuare a fare ciò che si sta facendo
9. tirare l'acqua al proprio mulino	I. continuare per la propria strada
10. tirare su un bambino	L. rimproverare
11. tirare in ballo	M. fare qualcosa con minor fatica possibile

1	2	3	4	5	6	7	8	9	10	11
M										

4. **Se vi è possibile registrare una breve conversazione radiofonica o televisiva in italiano, trascrivetela e poi riscrivetela ripulendola dagli elementi che sono tipici del linguaggio parlato (ripetizioni, pleonasmi, interiezioni ecc.).**

Discorsi fra ragazzi

Una discussione ordinata: un bravo insegnante, Danilo Dolci, ha abituato i suoi ragazzi a seguire le regole della conversazione (rispetto dei turni d'intervento, rispetto dell'argomento trattato ecc.). Ecco la trascrizione di uno stralcio di una loro discussione.

DANILO[1] — Sono passati alcuni giorni e forse avete ripensato all'argomento dell'altro giorno. Come dovrebbe essere un gruppo, secondo voi?

CIELO — Un gruppo è un insieme di ragazzi o di compagni di scuola che si aiutano tra loro volendosi bene, formando un gruppo.

CHIARA — Un gruppo si fa mettendosi quattro per quattro, o due per due, o tutti in fila.

BRUNA — Chiara vuole dire che nel gruppo ci deve essere ordine, ma non occorre essere due per due, quattro per quattro. Cielo diceva che ci vuole armonia: ma non basta dire "vogliamoci bene" ed essere ordinati. Bisogna avere uno scopo, altrimenti non si conclude niente, e uno scopo giusto.

LIBERA — Nel gruppo occorre uno che dice:[2] facciamo tutto questo e si fanno delle riunioni per dividersi il da fare, e così si fa prima e si fa meglio.

BRUNA — È giusto che ci sia un capo, ma questo capo non deve essere una persona che ordina, ma che riordina tutto quello che gli altri dicono e che insieme agli altri cerca di impostare bene le cose.

AMICO — Un gruppo non c'è se ciascuno fa per conto suo.

DANILO — Le patate di un sacco sono un gruppo?

CHIARA — Sì.

LIBERA — Sono un sacco di patate.

AMICO — Non può essere un gruppo, perché sono come morte.

LIBERA — Sono patate insieme, non sono un gruppo.

BRUNA — Anche bambini e uomini possono essere insieme come patate, e non essere un gruppo. Non è solo la vicinanza che conta.

Danilo Dolci, *Chi gioca solo* (1966), Einaudi, 1967.

1. **Danilo:** l'autore Danilo Dolci, scrittore, giornalista e sociologo.
2. **dice:** sta per "dica"; *occorre* vuole dopo di sé il congiuntivo.

Per comprendere il testo

1. I ragazzi hanno già parlato altre volte dell'argomento di questa discussione?
2. Quando?
3. Che differenza c'è fra la definizione di gruppo data da Chiara e quella data da Bruna?
4. Secondo Bruna che funzione deve svolgere il capo di un gruppo?
5. Secondo Libera le patate di un sacco sono un gruppo?

Per conversare

1. Commentate l'ultimo intervento di Bruna: «Anche bambini e uomini possono essere insieme come patate, e non essere un gruppo. Non è solo la vicinanza che conta».

2. Date anche voi una definizione di gruppo.

Per capire la lingua

1. Riassumete le diverse definizioni di gruppo che vengono date dai ragazzi.

Cielo:

_____

_____

_____

Chiara:

_____

_____

_____

Bruna:

_____

_____

_____

Libera:

_____

_____

_____

Amico:

_____

_____

_____

2. Ora, usando il discorso indiretto, raccontate a un'altra persona che cosa ciascun ragazzo pensa sia un gruppo.
Cielo ritiene che un gruppo sia un insieme di compagni che ...

143

3. Con l'aiuto delle didascalie riempite i fumetti vuoti rispettando il senso della storiella.

Paperino a Qui Quo Qua
dice, pien di dignità,
d'aver vinto il gran torneo
golfistico europeo.

Mostra loro come prova
una coppa che par nuova:
di toccarla vieta loro,
perché val più d'un tesoro.

I tre piccoli fanciulli,
che non sono affatto grulli,
credon poco alle vittorie
dello zio raccontastorie.

Ahi, la coppa presto fa
a svelar l'identità
e a smentire in modo netto
la bugia dello zietto!

4. Nei versi sotto i disegni vi sono parecchie parole tronche;
cercatele e scrivetele complete.
Pien = pieno.

Il paese
con l'esse¹ davanti

Un'argomentazione scherzosa, sotto forma
di dialogo, per un'esortazione seria: non
subire la realtà, ma lottare, anche con
la fantasia, per migliorarla.

G iovannino Perdigiorno era un grande viaggiatore.
Viaggia e viaggia,² capitò nel paese con l'esse
davanti.

«Ma che razza³ di paese è?» domandò a un cittadino che
prendeva il fresco sotto un albero.

Il cittadino, per tutta risposta, cavò di tasca un temperino
e lo mostrò bene aperto sul palmo della mano.⁴

«Vede questo?»

«È un temperino.»

«Tutto sbagliato. Invece è uno "stemperino", cioè un
temperino con l'esse davanti. Serve a far ricrescere le
matite, quando sono consumate ed è molto utile nelle
scuole.»

«Magnifico,» disse Giovannino. «E poi?»

«Poi abbiamo lo "staccapanni".»

«Vorrà dire l'attaccapanni.»

«L'attaccapanni serve a ben poco, se non avete il cappotto da attaccarci. Col nostro "staccapanni" è tutto diverso.
Lì non bisogna attaccarci niente, c'è già tutto attaccato.
Se avete bisogno di un cappotto andate lì e lo staccate.
Chi ha bisogno di una giacca, non deve mica⁵ andare a
comprarla: passa dallo staccapanni e la stacca. C'è lo
staccapanni d'estate e quello d'inverno, quello per uomo
e quello per signora. Così si risparmiano tanti soldi.»

«Una vera bellezza. E poi?»

«Poi abbiamo la macchina "sfotografica", che invece di

---

1. **esse:** nome della diciassettesima lettera (s) dell'alfabeto
   italiano.
2. **Viaggia e viaggia:** a forza di viaggiare, viaggiando
   sempre.
3. **razza:** specie (in senso spregiativo).
4. **palmo della mano:** la parte inferiore, concava, della mano.
5. **mica:** voce del linguaggio popolare, per rafforzare la
   negazione.

fare le fotografie fa le caricature,[6] così si ride. Poi abbiamo lo "scannone".»

«Brr, che paura.»

«Tutt'altro. Lo "scannone" è il contrario di cannone, e serve per disfare la guerra.»

«E come funziona?»

«È facilissimo, può adoperarlo anche un bambino. Se c'è la guerra, suoniamo la stromba, spariamo lo scannone e la guerra è subito disfatta. Che[7] meraviglia il paese con l'esse davanti.»

Gianni Rodari, *Favole al telefono* (1961), Einaudi, 1984.

6. **caricature:** rappresentazioni deformate, che mettono in risalto comicamente le caratteristiche fisiche di una persona.
7. **Che:** quale.

Per comprendere il testo

1. Chi è Giovannino Perdigiorno?
2. Chi incontra nel paese con l'esse davanti?
3. A che cosa serve lo "stemperino"?
4. E lo "staccapanni"?
5. Come funziona la macchina "sfotografica"?
6. Che cos'è lo "scannone"?

Per conversare

1. Cercate di spiegare, con poche parole, il senso del racconto di Rodari.

Per capire la lingua

1. Segnate con una crocetta il significato corretto delle seguenti espressioni tratte dal testo.

1. viaggia e viaggia
   - partito per un viaggio ☐
   - continuando a viaggiare ☐
   - arrivando da un viaggio ☐

2. che razza di paese è
   - che razza abita in questo paese ☐
   - che tipo di case ha questo paese ☐
   - che tipo di paese è questo ☐

3. disfare la guerra
   - rifare la guerra ☐
   - smettere di fare la guerra ☐
   - continuare a fare la guerra ☐

2. Provate a inventare, sul modello del racconto di Rodari, il paese con l'arci davanti.

3. Collegate le espressioni della colonna di sinistra con i relativi significati, disposti in modo disordinato, della colonna di destra.

1. a un palmo di distanza   A. piccolissimo
2. alto un palmo   B. essere stanchissimo
3. avere un palmo di lingua fuori   C. a poco a poco
4. restare con un palmo di naso   D. stimare moltissimo
5. a palmo a palmo   E. molto vicino
6. tenere in palmo di mano   F. essere sorpreso, stupito

1	2	3	4	5	6
E					

4. Sapete come si leggono le lettere dell'alfabeto italiano?
A, bi, ci ...

5. Mettete la forma corretta degli articoli determinativi il, lo, i, gli **e indeterminativi** un, uno, **davanti ai seguenti sostantivi:**

...... eroe – ...... pseudonimo – ...... psicologo – ...... schiavo – ...... zaino – ...... bambino – ...... albero – ...... temperino – ...... "stemperino" – ...... indiani – ...... cani – ...... italiani – ...... vestiti – ...... scienziati.

...... eroe – ...... pseudonimo – ...... psicologo – ...... schiavo – ...... zaino – ...... bambino – ...... albero – ...... temperino – ...... "stemperino" – ...... indiano – ...... cane – ...... italiano – ...... vestito – ...... scienziato.

Giuseppe Maria Crespi,
Libreria, **c. 1720**

L'etologia

Un etologo spiega la natura della sua disciplina: una scienza giovane che studia il comportamento degli animali.

C i sono due modi di "fare etologia" diversissimi, seppure, secondo me, altrettanto validi. O meglio: sono due differenti livelli nello sviluppo della ricerca etologica.

Fare etologia significa studiare il comportamento degli animali con le curiosità e con le metodologie[1] proprie del naturalista.[2] Gli esseri viventi sono come sono, a tutti i livelli, strutture, sistemi fisiologici,[3] comportamento, perché la selezione naturale, e cioè le pressioni ambientali,[4] li hanno resi così.

Gli animali sono fatti come sono fatti, e si comportano come si comportano perché sono adattati (si sono andati adattando: è l'evoluzione) al loro ambiente. Le loro strutture, i loro comportamenti, sono stati il passaporto[5] alla loro sopravvivenza. Per capire il comportamento, dunque, occorre conoscerlo nelle situazioni naturali: è qui che ha un senso, è qui che noi questo senso dobbiamo scoprirlo. E questo è il primo livello. L'osservazione e la descrizione dei comportamenti in natura. Questo è il livello a cui agiscono moltissimi etologi.

Ma le curiosità del naturalista non finiscono qui. Senza l'esperimento non si saprà mai come il comportamento effettivamente funziona, mai si conosceranno i meccanismi che lo uniscono alle strutture da cui si esprime, che lo rendono loro emanazione.[6]

Danilo Mainardi, *Il cane e la volpe*, Rizzoli, 1976.

1. **metodologie:** metodi di ricerca caratteristici di una scienza.
2. **naturalista:** studioso di scienze naturali.
3. **fisiologici:** che riguardano la fisiologia, la scienza che studia il funzionamento degli organi degli esseri viventi.
4. **pressioni ambientali:** i condizionamenti, l'influenza dell'ambiente.
5. **passaporto:** in senso figurato: ciò che ha permesso loro di sopravvivere, superando le difficoltà.
6. **emanazione:** derivazione, conseguenza.

Per comprendere il testo

1. Quanti modi ci sono, secondo Mainardi, di "fare etologia"?
2. Che significa dunque "fare etologia"?
3. Che cos'è la selezione naturale?
4. Perché gli animali "sono fatti come sono fatti"?
5. Da che cosa dipende il comportamento degli animali?
6. Che cosa deve fare l'etologo prima di tutto?
7. Che cosa può appagare la curiosità dell'etologo?

Per conversare

1. I due livelli di cui parla Mainardi a proposito dell'etologia sono comuni ad altre scienze. Discutetene.

2. Anche voi avete osservato come si comportano gli animali: che fa il cane quando gli si dà da mangiare? E se pestate la coda al gatto? Fate dei brevi racconti.

Per capire la lingua

1. **Trovate almeno altre sei parole che siano composte con il suffisso** logia.

1. _____   4. _____
2. _____   5. _____
3. _____   6. _____

A quale campo del sapere appartengono?

2. Fare etologia **è un'espressione generica; come potreste dire meglio, sostituendo il verbo** fare **con un altro?**

3. **Dite in breve, usando le parole del testo, quali sono i due livelli, secondo Mainardi, del "fare etologia".**

4. **Qual è il tempo verbale dominante in questo brano? Pensate che sia casuale o caratteristico della divulgazione scientifica? Controllate leggendo qualche brano analogo.**

151

La lingua

Una pagina di saggio: la storia della lingua.

L a storia e i problemi di una lingua non si riferiscono a uno spazio costante né hanno una data di inizio. La lingua non è solo una realtà geografica e storica: è anche una realtà sociale. Una stessa lingua, l'italiana, può presentarsi con diversi aspetti: quello letterario, quello tecnico, quello usuale,[1] quello espressivo. E questi aspetti possono sì essere così vicini da rientrare tutti o quasi tutti, come avviene in Italia, sotto l'etichetta[2] della lingua nazionale. Ma essi possono anche distaccarsene; così i nostri dialetti che corrispondono, in date zone, all'aspetto espressivo dell'italiano; così la lingua tecnica dei matematici e dei chimici, che è universale, valida per gli italiani e per i parlanti di altre lingue. La storia di una lingua non comincia come un blocco: può cominciare come storia di uno dei suoi aspetti, e non degli altri. La storia della lingua italiana, come lingua letteraria ormai matura,[3] dura da sette secoli. Come lingua espressiva, fuori di Toscana, comincia appena. Come lingua dei giuristi[4] risale al Medioevo; come lingua degli scienziati, al Rinascimento; come lingua degli archeologi, al Settecento.

G. Devoto - M. L. Altieri Biagi, *La lingua italiana*, ERI, 1979.

1. **usuale:** abituale, consueto, di tutti i giorni.
2. **etichetta:** designazione, definizione.
3. **matura:** formata.
4. **giuristi:** studiosi di diritto.

Per comprendere il testo

1. Si può affermare che una lingua ha una data di inizio?
2. Da che cosa dipende la lingua oltre che dalla geografia e dalla storia?
3. Quali diversi aspetti può avere la lingua?
4. I diversi aspetti della lingua italiana sono nati insieme?
5. Da che cosa è costituita la lingua nazionale?
6. La lingua nazionale comprende i dialetti?
7. Quale aspetto della lingua è più universale?
8. Da quanto dura la storia della lingua letteraria italiana?
9. A quando risale la lingua degli studiosi di diritto?
10. E quella degli scienziati e degli archeologi?

Per conversare

1. Perché la lingua è anche una realtà sociale?

Per capire la lingua

1. **Sottolineate nel testo il punto in cui gli autori affermano la loro tesi.**

2. **Provate a riassumere il ragionamento degli autori separando i vari passaggi.**

1. Non si può collocare la nascita della lingua in uno spazio né in un momento precisi.

2. La lingua è una realtà _____

3. La lingua italiana si presenta sotto aspetti _____

4. La lingua italiana si è sviluppata in momenti _____

3. **Sostituite il nome in nero col pronome dimostrativo.**

1. La lingua si presenta sotto l'aspetto letterario, **l'aspetto** tecnico, **l'aspetto** usuale.

2. La lingua valida per tutti è **la lingua** tecnica dei matematici.

3. Il linguaggio letterario, **il linguaggio** dei giuristi, **il linguaggio** degli scienziati risalgono ad epoche diverse.

4. I dialetti del Nord sono diversi **dai dialetti** del Sud.

La TV

La dimostrazione del potere dei mezzi di comunicazione: come la televisione influenza il comportamento sociale.

E ccoci qui, ore 20.30, diciotto milioni di italiani seduti davanti alla televisione,[1] in attesa della nostra solita serata. Solita perché così la vogliamo noi, per scelta, per pigrizia, per abitudine o per rassegnazione. Soprattutto perché la nostra epoca è contraddistinta[2] da uno strumento capace di modificare tanto profondamente la vita della gente, da costringerla a una specie di uniformità nazionale del costume.[3] Anzi, internazionale, perché ovunque nel mondo avviene la stessa cosa. Per la precisione, non siamo diciotto milioni di italiani, siamo di più. Al sabato la cifra sale fino a ventiquattro milioni.

Negli ultimi venti anni questo scatolone misurato a pollici ha cambiato l'Italia. Ma cambiato in profondo, più di quanto fosse avvenuto prima per secoli. Intendo dire non soltanto come abitudini e usanze, ma come mentalità, spiriti, propensioni[4] culturali, formazione unitaria.

Ha cominciato col trasformare il nostro linguaggio, il nostro modo di parlare. Per la prima volta nella storia la lingua italiana sta diventando, grazie alla televisione, una lingua unica. La usiamo tutti: e cent'anni fa non esisteva neppure. I dialetti, esasperati[5] dal cinema che aveva fatto del romanesco[6] il solo mezzo di espressione verbale, cedono il passo. Disponiamo di più parole. Alcune invenzioni gergali,[7] quelle di Carosello,[8] sono fulmineamente

1. **alla televisione:** nel linguaggio comune si usa spesso la parola "televisione" per indicare il "televisore" o l'apparecchio televisivo.
2. **contraddistinta:** caratterizzata.
3. **uniformità nazionale del costume:** un modo di comportarsi generalizzato, comune a tutti i cittadini della nazione.
4. **propensioni:** tendenze.
5. **esasperati:** usati più del necessario.
6. **romanesco:** il dialetto romano era stato molto usato negli anni sessanta, soprattutto nel cinema disimpegnato.
7. **gergali:** tipiche di un gruppo ristretto, di una situazione particolare.
8. **Carosello:** una trasmissione pubblicitaria molto popolare negli anni sessanta e settanta.

adottate dalla totalità degli ascoltatori per riferirsi a oggetti o esigenze di nuovo tipo.

La TV[9] ha cambiato i nostri orari quotidiani, l'impiego delle nostre serate, la qualità e le scelte dei nostri svaghi, i cibi sulle nostre mense,[10] le vacanze dei nostri figli, il modo di vestirci, l'uso del denaro, la cura della persona, il rapporto con i figlioli, perfino la quantità di alcool che beviamo. Tutto ciò inserendoci[11] in uno standard internazionale di consumi medi assai uniforme,[12] una specie di MEC[13] sociologico, nel quale ci imparentiamo[14] con i popoli continentali di maggiore evoluzione.

Silvio Bertoldi, *I nuovi italiani*, Rizzoli, 1972.

9. **TV:** si legge di preferenza "tivu".
10. **mense:** tavole da pranzo.
11. **inserendoci:** portandoci a far parte.
12. **uniforme:** comune a tutti.
13. **MEC:** abbreviazione di Mercato Comune Europeo (si legge *mech*).
14. **ci imparentiamo:** diventiamo parenti, cioè assumiamo gli stessi comportamenti.

Per comprendere il testo

1. Quanti italiani guardano la televisione ogni sera?
2. A che ora, di solito, la maggior parte degli italiani incominciano a guardare la televisione?
3. Perché la serata è "solita"?
4. Al sabato quanti sono i telespettatori?
5. Da quanti anni esisteva la televisione in Italia nel 1972 (al momento cioè in cui l'autore scriveva questo articolo)?
6. Qual è la prima trasformazione operata dalla diffusione della TV?
7. Che effetti ha avuto la televisione sui dialetti?
8. Che cosa ha cambiato nella società italiana la diffusione della TV?

Per conversare

1. Perché "la lingua italiana sta diventando, grazie alla televisione, una lingua unica"?

2. Nel vostro Paese la televisione ha avuto gli stessi effetti che in Italia? Discutetene.

3. Il testo risale al 1972: pensate che i telespettatori nel frattempo siano aumentati o diminuiti?

4. Trascorrete molto tempo davanti al televisore? Quali programmi vi interessano di più?

Per capire la lingua

1. **Rintracciate nel testo i cambiamenti che, secondo l'autore, la televisione ha portato nelle abitudini degli italiani.**

2. **Con l'aiuto del vocabolario spiegate il significato dei seguenti termini.**

RAI - TV   Radio Televisione Italiana

trasmissione   _____

telegiornale   _____

telespettatore   _____

teleschermo   _____

emittente   _____

utente   _____

pollice   _____

canale   _____

annunciatore   _____

3. **Dal nome all'aggettivo: per ciascuno dei seguenti nomi presenti nel testo trovate il relativo aggettivo.**

nome	aggettivo
pigrizia	pigro
abitudine	
televisione	
rassegnazione	
uniformità	
gergo	
dialetto	
alcool	
mondo	
cultura	
figlio	

4. **Nelle frasi seguenti è usato il comparativo** (c) **o il superlativo** (s)?

1. Non siamo 18 milioni, siamo di **più**.   ☐ c   ☐ s
2. Questo scatolone ha cambiato l'Italia **più** di quanto fosse avvenuto prima per secoli.   ☐ c   ☐ s
3. Disponiamo di **più** parole.   ☐ c   ☐ s
4. Uno standard internazionale di consumi medi **assai** uniforme.   ☐ c   ☐ s
5. Ci imparentiamo con i popoli continentali di **maggior** evoluzione.   ☐ c   ☐ s

5. **Componete delle frasi in cui compaia la parola** ecco **unita ai pronomi personali atoni:** mi, ti, lo, la, ci, vi, li, le. Ecco*ci* qui.

Si dirigono in Brasile in cerca di pepite d'oro

Un giornalista racconta ciò che ha visto personalmente.

SERRA PELADA — (Amazzonia brasiliana) — Alle pareti ci sono una fotografia di papa Giovanni Paolo II[1] e una del presidente brasiliano Joao Figueredo. Le altre sono tutte di donne ritagliate prevalentemente dalle riviste ormai distribuite liberamente anche in Brasile. Questo è il locale dove i 30 mila *garimpeiros* (cercatori di pietre preziose) di Serra Pelada, nell'Amazzonia brasiliana, passano le loro serate, mangiando e bevendo, ma solo bibite non alcoliche.

La vita dei cercatori d'oro accorsi da tutto il paese nella più sfrenata[2] corsa all'oro della storia del Brasile è dura e monotona. Come ai vecchi tempi. Si svegliano prima dell'alba, il progresso qui non è ancora arrivato. Bevono il caffè, si dirigono rapidamente verso il vicino grande cratere e cominciano a scavare.

Bisogna, infatti, approfittare della temperatura ancora fresca. Dopo le nove il termometro supera già i 35 gradi e nel mezzogiorno il caldo è tale che il lavoro deve essere sospeso. Si riprende verso le 15 e si continua fino a notte.

Non ci sono domeniche, né festivi,[3] anche perché quando arriva la stagione delle piogge il lavoro deve essere sospeso e tutti dovranno partire, per tornare alcuni mesi dopo, quando il tempo permetterà di nuovo di continuare gli scavi.

Dopo cena non ci sono molte occasioni per distrarsi. Le città sono lontane centinaia di chilometri, l'accampamento offre soltanto un negozio per l'acquisto dei beni essenziali, una trattoria, un cinema all'aperto. Il cinema è in sostanza l'unico diversivo anche se la programmazione è abbastanza monotona. La radio

---

1. **Giovanni Paolo II:** papa Wojtyla.
2. **sfrenata:** incontrollata, scatenata.
3. **festivi:** giorni festivi, o festività, per celebrare una ricorrenza civile o religiosa.

(non ci sono apparecchi televisivi per mancanza di energia elettrica) e la chitarra per cantare con gli amici sono le altre poche distrazioni.

Ciascuno di questi 30 mila uomini, oltretutto, sogna solo la ricchezza, in gergo chiamata qui "bamburro", ciascuno ha una storia triste o allegra da raccontare.

L' "Avvenire", Milano, 21 agosto 1982.

Per comprendere il testo

1. Dove sono le pareti sulle quali sono appese le fotografie?
2. Che fotografie sono?
3. Chi sono i *garimpeiros*?
4. Che cosa bevono?
5. Quando possono scavare? Perché?
6. Che numeri segnano rispettivamente la lancetta corta e quella lunga degli orologi quando i cercatori d'oro riprendono il lavoro?
7. Che cosa vuol dire che "non ci sono domeniche, né festivi"?
8. Che servizi offre l'accampamento?
9. Qual è l'unica possibilità di svago per i cercatori?
10. Nell'accampamento ci sono televisori? Perché?
11. Che cosa attira in quei posti tante persone?

Per conversare

1. Nella storia c'è stata un'altra, più grande e famosa, "corsa all'oro". Quando? Dove? Che cosa ne sapete?

2. Commentate brevemente la scelta di vita fatta dai *garimpeiros*.

Per capire la lingua

1. **A chi si riferisce il "si" del titolo?**

2. **Nell'articolo domina il tempo presente, perché?**

3. **Riassumete l'articolo riducendolo della metà.**

"Abbiamo visto una Terra-pattumiera"

Notizie dallo spazio: come appare la Terra agli astronauti.

HOUSTON,[1] 23 — Dallo spazio la Terra sembra una pattumiera, la sua atmosfera diventa sempre più grigia, sempre più sporca. Lo hanno detto i quattro astronauti americani che la Terra l'hanno vista da 285 chilometri d'altezza per sei giorni.

A due settimane dalla conclusione della missione *Challenger* i quattro hanno tenuto una conferenza stampa a Houston. «Sono rimasto costernato[2] nel vedere che la nostra atmosfera diventa sempre più sporca» ha detto Paul Weitz, il comandante dello *Shuttle*. «Il nostro mondo sta diventando un pianeta grigio» ha aggiunto Weitz «e ormai l'inquinamento tocca tutti i paesi del globo, anche quelli del "terzo mondo".» Parlando del viaggio i quattro astronauti hanno detto che nel complesso è stato "calmo, tranquillo e senza problemi" e le nuove tute da tre miliardi "hanno funzionato molto bene".

"la Repubblica", Milano-Roma, 24 aprile 1983.

1. **Houston:** città del Texas, sede di un'importante base aeronautica.
2. **costernato:** afflitto, fortemente rattristato.

Per comprendere il testo

1. Che aspetto ha la Terra vista dallo spazio?

2. Chi lo afferma?

3. Che cos'è una conferenza stampa?

4. Chi è Paul Weitz?

5. L'aspetto dei paesi poco sviluppati, visti dallo spazio, è diverso da quello dei paesi industrializzati?

6. Com'è stato il viaggio dei quattro astronauti?

Per conversare

1. Che cos'è il "terzo mondo"?

2. Che cosa sono il "primo" e il "secondo mondo"?

3. Una grande impresa spaziale: parlatene.

Per capire la lingua

1. **Le parole dell'astronautica. Riempite le caselle secondo le definizioni. Alla fine nella colonna segnata in nero leggerete il nome della più grande impresa compiuta dagli astronauti americani.**

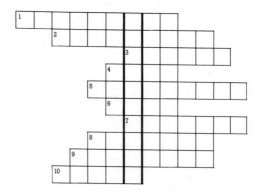

1. La casa degli astronauti.
2. Una stazione spaziale.
3. La partenza degli astronauti.
4. Quella degli astronauti è spaziale.
5. Precede il lancio.
6. La zona di partenza delle missioni spaziali.
7. Manca nell'astronave.
8. Il primo uomo che volò nello spazio attorno alla Terra.
9. Lo è un giro attorno alla Terra.
10. Il motore dei missili.

2. Il testo che avete letto è una notizia d'agenzia (cioè un'informazione inviata dalle agenzie di stampa ai giornali) appena modificata dalla redazione del giornale. Vediamo qui di seguito un'altra versione, ancora più breve, apparsa lo stesso giorno su un altro giornale italiano. Confrontatele e rispondete alle domande che seguono.

Gli astronauti dello Shuttle "Com'è sporca la Terra"

HOUSTON — Gli astronauti del traghetto spaziale *Challenger* hanno detto di essere stupiti del grado di inquinamento che hanno registrato attorno alla Terra nel corso del loro viaggio di cinque giorni nello spazio. «Sono rimasto costernato nel vedere come la nostra atmosfera diventi sporca», ha detto in particolare Paul Weitz, il comandante del traghetto. «Il nostro mondo sta diventando un pianeta grigio», ha aggiunto, precisando che dall'inquinamento è toccato l'insieme della Terra, ivi compresi i Paesi in via di sviluppo.

"La Stampa", Torino, 24 aprile 1983.

1. Quale dei due articoli dà più particolari?
2. Quali particolari presenti in un articolo mancano nell'altro? Elencateli.
3. I particolari in più sono essenziali alla comprensione della notizia?
4. Quale dei due titoli colpisce di più?

3. Se voleste raccontare la notizia in modo ancora più conciso, che cosa togliereste?

> altri particolari ☐
> il discorso diretto ☐
> avverbi e aggettivi ☐

4. Provate a dare la stessa notizia col minor numero possibile di parole.

5. Con l'aiuto del vocabolario spiegate i seguenti termini del linguaggio giornalistico.

1. corrispondente _____
_____

2. inviato _____
_____

3. comunicato stampa _____
_____

4. conferenza stampa _____
_____

5. servizio speciale _____

Una settimana caldissima

Un servizio informazioni comune a tutti i giornali, qui sotto forma di un vero e proprio articolo.

Era dal giugno del 1960 che non si registravano[1] temperature così elevate, soprattutto nel sud.

Sta per arrivare una settimana caldissima. Contro la siccità[2] interverrà il governo.

ROMA — L'ondata di caldo che negli ultimi giorni ha investito[3] l'Italia, con temperature superiori ai livelli stagionali, non accenna a diminuire. Era dal giugno del 1960 che le colonnine di mercurio non toccavano le punte eccezionali che ultimamente si sono riscontrate in molte città e in particolare ad Alghero[4] (38°) e a Trapani[5] (39°). Anche a Roma il caldo continua ad imperversare[6] e la temperatura è andata molto al di sopra dei valori medi.

Come se tutto questo non bastasse, secondo le previsioni degli esperti di meteorologia[7] la prossima settimana sarà ancora più calda, quasi di "fuoco". Facile immaginare le conseguenze e i danni che sicuramente ne deriveranno per l'agricoltura anche in considerazione del fatto che nella scorsa stagione invernale le piogge non sono state molto abbondanti.

Lo studio delle carte meteorologiche fa comunque prevedere per la giornata di domani una leggerissima diminuzione della temperatura, accompagnata da qualche precipitazione temporalesca specie nelle regioni settentrionali, ma subito dopo il caldo tornerà

1. **registravano:** verificavano.
2. **siccità:** mancanza di pioggia.
3. **investito:** colpito.
4. **Alghero:** città della Sardegna.
5. **Trapani:** città della Sicilia.
6. **imperversare:** manifestarsi con violenza.
7. **meteorologia:** scienza che studia i fenomeni dell'atmosfera terrestre.

di nuovo a farla da padrone[8] almeno per tutta la prossima settimana. La nostra penisola sarà interessata, infatti, da venti di libeccio[9] e di scirocco[10] provenienti dall'Africa che provocheranno inevitabilmente un ulteriore aumento delle temperature. Le regioni maggiormente interessate ai nuovi rialzi termici, saranno quelle meridionali e in particolar modo la Sicilia, dove in alcune zone si raggiungeranno i 40°.

"la Repubblica", Milano-Roma, 25 maggio 1983.

8. **farla da padrone:** dominare.
9. **libeccio:** vento caldo di sud-ovest.
10. **scirocco:** vento caldo e umido di sud-est.

Per comprendere il testo

1. Da quando non c'era stato un caldo così forte in Italia?
2. Quanto durerà il caldo secondo le previsioni?
3. Chi interverrà per prevenire i danni?
4. Dove soprattutto si sono verificate le temperature più alte?
5. Come si prevede la settimana successiva?
6. Perché si prevedono danni particolarmente gravi?
7. Che cosa si prevede per il giorno successivo?
8. Che venti soffieranno sulla penisola italiana?
9. Da dove arriveranno?
10. Che cosa provocheranno?
11. Quali regioni saranno più colpite?

163

Per conversare

1. Nel vostro Paese esiste un servizio meteorologico quotidiano? Come funziona?

2. Rileggete il brano cercando su una carta d'Italia le località nominate.

Per capire la lingua

1. Con l'aiuto del vocabolario spiegate il significato delle seguenti espressioni.

1. ondata di caldo ———————————————

———————————————————————

2. al di sopra dei valori medi ————————————

———————————————————————

3. carte meteorologiche ——————————————

———————————————————————

4. precipitazione temporalesca ————————————

———————————————————————

5. la nostra penisola sarà interessata ———————

———————————————————————

6. rialzi termici ————————————————————

———————————————————————

7. le colonnine di mercurio... toccavano... punte eccezionali

———————————————————————

2. Il brano è ricco di espressioni tecniche, tipiche del linguaggio dei meteorologi ("superiori ai livelli stagionali" – "investita l'Italia" – "al di sopra dei valori medi" – "accompagnata da qualche precipitazione temporalesca" ecc). Provate a riscrivere sinteticamente l'articolo nel linguaggio corrente.

3. Dite il contrario delle seguenti parole del brano:

- ultimo
- superiore
- diminuire
- molto

- sopra
- caldo
- facile
- abbondante

- diminuzione
- settentrionale
- aumento

4. Nel linguaggio meteorologico abbondano le forme comparative e superlative. In questo brano ve ne sono almeno sei. Cercatele.

Per una gita

Una guida turistica descrive le bellezze
di una zona della Sardegna.

L a costa orientale della Sardegna, alta e in molti
casi inaccessibile,[1] ricca di scogliere e povera di
ancoraggi,[2] è poco nota, se si escludono alcune poche
località sfruttate in tempi recenti dal movimento turistico.
Resta, comunque, il fatto che, a metà circa di questa
costa, a sud dell'ampio golfo di Cala Gonone si apre
un'insenatura[3] protetta da un promontorio[4] di porfido[5]
rosso, tutto frastagliato[6] e che presenta guglie e pinnacoli[7] come una cattedrale. Il luogo, aspro e selvaggio, ma
dotato di comfort per il ristoro e la sosta, merita, per chi
si trova in zona, o per chi proviene da Cagliari lungo la
strada statale n. 125 (Orientale Sarda), una gita di fine
settimana. Prima di giungere al mare, tuttavia, si deve
attraversare Tortolì, preceduta da un bel nuraghe,[8] detto
Corpus de Trubutzu, poi in 3 km si è nella ridente[9]
cittadina. Belle distese di orti, di vigneti e di querce da
sughero circondano l'abitato, mentre qua e là occhieggiano[10] stagni.

1. **inaccessibile:** non raggiungibile.
2. **ancoraggi:** punti in cui la nave può gettare l'ancora.
3. **insenatura:** parte di mare che penetra nella terra e
   quindi è protetta da coste alte.
4. **promontorio:** sporgenza della costa.
5. **porfido:** pietra dura, rossastra.
6. **frastagliato:** tutto a sporgenze e rientranze.
7. **guglie e pinnacoli:** decorazioni architettoniche appuntite
   di forma piramidale.
8. **nuraghe:** costruzione preistorica a forma di cono, fatta di
   massi sovrapposti, caratteristica della Sardegna.
9. **ridente:** piacevole.
10. **occhieggiano:** appaiono qua e là.

Per comprendere il testo

1. Nella zona orientale della Sardegna il turismo è molto diffuso?
2. Come sono le sue coste?
3. Sono dotate di comfort per il turista?
4. C'è un'eccezione? Quale?
5. Che strada deve fare per raggiungere l'insenatura consigliata dalla guida chi viene da Cagliari?
6. Che cosa si attraversa prima di arrivare al mare?
7. Com'è il paesaggio attorno a Tortolì?

Per conversare

1. Raccontate a un amico una gita che avete fatto.

Per capire la lingua

1. **Il brano usa un solo tempo verbale. Quale? Pensate che sia casuale o che sia una caratteristica di questo tipo di testi? Verificate leggendo qualche altro testo analogo.**

2. **Disegnate l'itinerario per raggiungere una località che conoscete dando le necessarie indicazioni (distanze da percorrere, direzioni da prendere ecc.). Elencate inoltre i motivi di interesse della località scelta.**

3. **Indicate a un eventuale forestiero come raggiungere il Municipio della vostra città partendo da casa vostra.**

4. **Completate le frasi seguenti usando le preposizioni qui elencate:** di - di - di - di - al - ai - per - da - in.

1. La costa orientale è inaccessibile ...... turista.

2. Essa è ricca ...... scogliere e povera ...... ancoraggi.

3. La parte orientale dell'isola è poco nota ...... turisti.

4. A metà ...... queste coste si apre un'insenatura.

5. Il luogo è dotato ...... tutti i comfort ...... il ristoro.

6. Il turista che si trova ...... zona e che proviene ...... Cagliari può visitare anche Tortolì.

Lettera al giornale

Un lettore chiede informazioni
sulla professione di parrucchiere.

Sono un ragazzo e mi piacerebbe diventare un bravo parrucchiere per signora. Vorrei sapere dove potrei frequentare un corso gratuito e anche se un parrucchiere può esercitare la sua professione negli altri stati d'Europa. (Dario Vidolin)

Nel campo dell'acconciatura,[1] e dell'estetica,[2] si può diventare parrucchiere per signora, parrucchiere per uomo, estetista, manicurista-pedicurista, massaggiatore o massaggiatrice. I Centri di Formazione Professionale delle Regioni[3] hanno istituito, in tutta Italia, corsi gratuiti per l'accesso[4] a queste professioni: essi impegnano[5] per uno o due anni (dipende dal corso scelto) ed al termine rilasciano un "attestato".[6] Per l'iscrizione, occorre aver assolto l'obbligo scolastico[7] o aver compiuto il quindicesimo anno di età. I giovani che frequentano questi corsi hanno inoltre la facoltà di differire[8] il servizio militare di leva.[9]

"Famiglia Cristiana", Milano, 23 gennaio 1983.

1. **acconciatura:** pettinatura e ornamento dei capelli.
2. **estetica:** qui, cura dell'aspetto fisico.
3. **Regioni:** secondo la Costituzione repubblicana del 1948, l'Italia è divisa in Regioni (Piemonte, Lombardia, Veneto, Liguria, Emilia-Romagna, Marche, Toscana, Umbria, Lazio, Abruzzo e Molise, Campania, Puglia, Basilicata, Calabria) più cinque Regioni autonome a Statuto speciale (Sicilia, Sardegna, Trentino-Alto Adige, Valle d'Aosta, Friuli Venezia-Giulia).
4. **per l'accesso:** per poter svolgere.
5. **impegnano:** durano.
6. **attestato:** certificato.
7. **aver assolto l'obbligo scolastico:** aver frequentato la scuola per il periodo obbligatorio.
8. **differire:** rimandare.
9. **servizio militare di leva:** servizio militare obbligatorio per tutti i giovani in Italia.

Per comprendere il testo

1. Che cosa vuol sapere il ragazzo che scrive al giornale?
2. Esistono in Italia dei corsi che preparano alla professione di parrucchiere?
3. Da chi sono organizzati?
4. Quanto costano?
5. Quanto durano?
6. Quali sono i requisiti necessari per poterli frequentare?

Per conversare

1. Dal barbiere un tempo e oggi; cos'è cambiato?

Per capire la lingua

1. Con l'aiuto del vocabolario spiegate il significato dei seguenti termini trovati nel testo:

1. estetica _____

_____

2. manicurista _____

_____

3. pedicurista _____

_____

4. massaggiatore _____

_____

2. Dal barbiere. Completate le frasi seguenti con i termini qui elencati: sfumatura - barba - capelli - spuntatina - frizione - lozione - basette - taglio.

1. .... e .... per favore!
2. Vuole una .... alta o bassa?
3. Desidera una .... antiforfora? No, piuttosto vorrei una .... contro la caduta dei capelli.
4. Mi accorci i capelli e mi dia una .... ai baffi.
5. Shampoo e .... fanno 15 000 lire, signore.
6. Lasci lunghe le ...., per favore, ma rada la ....

3. Formate delle frasi con gli impersonali.

1. mi piacerebbe (+ infinito); mi piacerebbe che
2. dipende; dipende da
3. occorre (+ infinito); occorre che

La piccola pubblicità

Una rubrica comune nei quotidiani destinata alle persone che offrono o cercano lavoro, comprano, vendono, affittano... Eccone qualche esempio tratto da "Il Giorno".

Tariffe per parola: tutte le rubriche L. 1300; «Dal Mondo del Lavoro»: domande: L. 400, offerte L. 1300

alberghi e pensioni

DIANO MARINA, Hotel Roma, lungomare, camere con servizi, ambiente familiare, menù scelta, dal 10 settembre 32.000 giornaliere - Tel. (0183) 49.54.74.

auto, moto, nautica

AUTO
COMPRA VENDITA

ACQUISTIAMO autovetture usate pagando per contanti. Possibilità di permute. Tel. 279.112.
RITMO 85 S ottime condizioni, aria condizionata, autoradio, gommata nuova, 1982, 40.000 km. L. 7.000.000. Telefonare ore ufficio allo (02) 65.23.70 - 65.24.60.

dal mondo del lavoro

DIPLOMATA perito turistico, ventunenne, inglese, francese, tedesco, dattilografia, contabilità, segretaria, esperienza biennale offresi seria ditta. Tel. (02) 71.11.51
DIPLOMATA ragioneria 1983 ottima conoscenza inglese, francese scolastico, 20enne offresi. Tel. 40.31.943 (W)

matrimoniali

■ ■ ■ **AFFETTO**, sollecito matrimonio, felice futuro familiare, moralità. Psyco, Coni Zugna, 36 - Milano - tel. (02) 49.86.289.

LIBERO professionista 35enne celibe alto 1,75 snello sano moralmente e fisicamente, conoscerebbe anche ragazza madre o divorziata max 40 enne snella semplice affettuosa per iniziare rapporto di amicizia coronando se destino vorrà con scopo matrimonio. Scrivere Casella 49 B Publied 40100 Bologna.
54287 403

occasioni

■ ■ ■ **OCCASIONI** mobili usati in magazzinaggio presso Cavanna traslochi via Taccioli 27. Telefono 64.52.979. Orario 8-12 - 13 - 17 anche sabato.
■ **ALTISSIMA** valutazione compero oro, monete, argenteria. Corso Magenta, 45 - Milano - Tel. 80.56.189.

In località
turistica collinare
a 8 km. da **VERBANIA**
cedesi

BAR
RISTORANTE

unico in zona
ottimo fatturato
incrementabile
richiesta interessante

In provincia di
TORINO
cedesi negozio

AUTORICAMBI

ubicato su mq. 75
con 3 vetrine
unico in zona
ottimo fatturato
incrementabile
richiesta interessante

In provincia di **ASTI**
cedesi

LABORATORIO
E NEGOZIO
PANIFICIO
PASTICCERIA

unico in zona
ottimo fatturato
incrementabile
richiesta inferiore
al valore reale

Per capire la lingua

1. Per pubblicare gli annunci della "piccola pubblicità" occorre pagare una determinata somma per parola. Per questo chi compila un annuncio cerca di essere molto conciso: ciò ha determinato la diffusione di uno stile caratteristico. Provate a trascrivere tre degli annunci presentati in linguaggio corrente, senza problemi di sintesi.

2. Il linguaggio dei piccoli annunci ha "inventato" una serie di termini caratteristici. Spiegate il significato dei termini in nero nelle seguenti frasi.

1. Giovane **militesente** offresi _____

_____

2. Appartamento **bicamere** vendesi _____

_____

3. **Referenziato** offresi per lavoro di fiducia _____

_____

4. FIAT Uno **accessoriata** vendesi _____

_____

5. Villa **bifamiliare** affittasi _____

_____

3. Trasformate in annuncio pubblicitario il testo seguente.

Essendo costretto a trasferirmi in un'altra città per motivi familiari devo vendere a condizioni molto convenienti una piccola villa situata a pochi chilometri dal centro della città. Dalla villa si gode una visione panoramica sulle colline adiacenti. È costituita da due appartamenti indipendenti di 3 e 2 locali rispettivamente; ha due bagni, due box, un giardino con piscina in comune e impianto di riscaldamento autonomo a metano. Il prezzo richiesto è di 700 000 000.

_____

_____

_____

_____

La pubblicità

Quattro slogan pubblicitari per convincere
il pubblico ad acquistare prodotti diversi.

Per conversare

1. Nuovi modi di fare pubblicità. Discutete.

Per capire la lingua

1. **I quattro messaggi pubblicitari fanno uso diretto o leggermente modificato di alcuni modi di dire della lingua italiana. Per ciascuno dite:**
   a. qual è la frase idiomatica a cui si riferiscono
   b. qual è il termine cambiato (se è cambiato)
   c. qual è il significato della frase idiomatica
   d. qual è il significato dello slogan

1. Dubin: a. amore a prima vista

   b. neve

   c. amore nato al primo incontro

   d. con i prodotti da sci Dubin
   si conquista la neve e anche l'amore

2. Neril a. _____

   b. _____

   c. _____

   d. _____

3. Acetelli a. _____

   b. _____

   c. _____

   d. _____

4. Atala uno a. _____

   b. _____

   c. _____

   d. _____

2. **Inventate anche voi o cercate su riviste italiane tre slogan pubblicitari per prodotti qualsiasi, contenenti delle frasi idiomatiche.**

3. **La pubblicità fa spesso uso delle cosiddette "parole macedonia", composte cioè da parole diverse. Provate a spiegare il significato delle seguenti "parole macedonia" e dite a che tipo di prodotti possono riferirsi.**

1. i caldomorbidi _____
   _____

2. il pulilucido _____
   _____

3. i velocomodi _____

   _____

Soluzioni degli esercizi

Descrivere

1 | Una casa di villeggiatura

1. **Contrario:**
umida/arida, lungo/corto, stretto/largo, leggera/pesante, raro/frequente.
Cambiamento di genere:
umido - lunga - stretta - leggero - rara.

2. strettissimo - celeberrimo - integerrimo - rarissimo - benevolentissimo.

3. storia/**interessante**, impresa/**straordinaria**, gara/**entusiasmante**, serata/**piacevole**.

4. il limone/i limoni, il prugno/le prugne, il susino/le susine, l'albicocco/le albicocche, il pesco/le pesche, la vite/ l'uva, il fico/i fichi, il nespolo/le nespole, il melograno/le melegrane.

5. 1. I frutti 2. la frutta 3. la frutta 4. i frutti 5. frutta.

6. giardino - facciata - finestra - finestre.

7. 1. casereccio 2. casolare 3. casalinga 4. casamento 5. casato.

2 | Case di Lucania

1. camini - soffitti - luci - padri - culle - pendoli.

2. ...due paia di forbici; due uova costano...; ...grandi valigie; ...tante bugie; ...chilo di ciliege; ...due bisce sul sentiero; ...soli amici.

3. **Forme corrette:**
braccia aperte; membra forti; i labbri della ferita; il cervo ha grandi corna; le lenzuola del letto.

4. 1. Tutto 2. tutti 3. tutto 4. tutti 5. tutte 6. tutti 7. tutte 8. tutti 9. tutto 10. tutti.

5. | comune.

6. | 1-B; 2-D; 3-A; 4-C.

7. | 1. sono costituite 2. si cucina 3. sono lattanti.

3 C'era...

1. | C'era - aveva - si chinava - uscivano - C'era - versava - vi allungava - C'era - raspava - riflettevano - C'era - si alzavano.

2. | focolaio - soffitto - faville - mattarello - stia - mastelli.

3. | 1. a mo' 2. Fa' 3. Di' 4. ben 6. signor 7. Qual 9. Sta' 10. voler.

4. | 1. tetto 2. comignolo 3. ascensore 4. soffitto o solaio 5. cucina 6. parete 7. scale 8. porta 9. corridoio 10. finestra 11. parafulmine 12. antenna TV 13. soffitto 14. pavimento 15. facciata 16. terrazzo 17. camera da letto 18. bagno 19. balcone 20. sala da pranzo 21. pianterreno o pianoterra 22. muro 23. cantina 24. primo piano 25. portone.

4 La mia isola

1. | libro - librino - libretto - librone - libraccio; uomo - omino - ometto- omone - omaccio; ragazzo - ragazzino - ragazzetto - ragazzone - ragazzaccio; giovane - giovanetto - giovincello - giovanotto - giovinastro; casa - casina - casetta - casona - casaccia.

2. | muletto - tacchetto - zampino - fumaccio.

3. | canne/canneto, pini/pineta, uccelli/stormo, scogli/scogliera, tasti/tastiera, bestie/bestiame, soldati/esercito, persone/folla, spettatori/pubblico, vele/velatura, mobili/mobilia.

4. | 1. ma 2. Dunque 3. Adesso.

5 Fontamara

Per comprendere il testo
1. sul pendio della montagna 2. priva di vegetazione 3. su piani diversi regolari 4. le porte e le finestre 5. un piano 6. rovinati 7. rotti e sporchi 8. porta 9. una via 10. dritta in salita 11. a gradini 12. si vede poco il sole 13. un pastore con le pecore 14. che assomiglia agli altri.

1. | brullo/spoglio, arido/asciutto, laterali/che sono a lato.

175

Descrivere

2. | ventina; trentina; settantina; ottantina; novantina; migliaio.

3. | due uova.

4. | 12 pere.

6 La pianura

3. | 1. Dai 2. dei 3. Al 4. del, dal 5. pei 6. alla 7. dagli 8. nel 9. dalla, alle 10. degli, degli 11. Negli 12. dei, sugli 13. negli.

7 Il gorilla

Per comprendere il testo
1. dai rumori 2. gruppo di animali 3. tutti insieme 4. li spiano 5. un cattivo odore 6. minaccioso 7. grande 8. bianchi 9. si agita 10. pochissimo 11. nessuna fotografia.

1. | 1. ci fa capire 2. gli ha rivolto tante offese 3. mi dispiace dato che... 4. sapevo che non potevi... 5. sono d'accordo, ma... 6. è privo di interesse 7. ha poca importanza 8. ordinagli di tornare... 9. mi fa presumere 10. non è mai d'accordo...

2.

¹I	N	S	E	T	T	I
	²L	I	A	N	E	
³F	I	E	R	E		
			⁴Z	A	N	N	E
⁵F	O	G	L	I	A	M	E
⁶C	A	P	A	N	N	E

8 Una coppia di merli

1. | 1. primi 2. seconde 3. interessata 4. noiosi 5. andati 6. arrivati 7. bellissimi 8. questa via... tutti vecchi e sporchi 9. Tutti... profumati 10. tutti i suoi alunni 11. suo alunno 12. suo alunno 13. ciascun suo alunno.

2. | 1. è un grande mascalzone 2. raccoglie i componimenti più belli 3. è al massimo della sua bellezza 4. è giovane 5. alla superficie dell'acqua 6. sottovoce.

9 | Il puledro

1. Luca è tornato a batter cassa = chiedere soldi; Tutto il pubblico in piedi batte le mani = applaude; Le navi battono bandiera italiana = portano la bandiera italiana; ...ma Aldo batte fiacca = lavora poco; Il ladro se la batte... = scappa; Il nostro esercito ha battuto... = ha sconfitto; Il nostro campione ha battuto l'avversario... = ha superato.

2. 1. Non saper cosa fare 2. Pentirsi 3. Rimanere impassibili 4. In un attimo 5. Cogliere il momento favorevole 6. Si finisce sempre per parlare di ciò che più ci interessa.

3. cavallo - nitrito - nitrire; elefante - barrito - barrire; mucca - muggito - muggire; pulcino - pigolio - pigolare; cane - abbaio - abbaiare; gatto - miagolio - miagolare; uccello - cinguettio - cinguettare; topo - squittio - squittire; pecora - belato - belare; leone - ruggito - ruggire; cervo - bramito - bramire.

10 | Un vecchio buffo

1. È un uomo... deve portare... Sembra... gli affiorano... gli spuntano...

2. **Testa:**
   1. capelli 2. fronte 3. bocca 4. labbra 5. naso 6. narici 7. occhio 8. ciglia 9. sopracciglia 10. orecchie 11. barba 12. guance 13. mento.
   Mano:
   1. polso 2. dita 3. unghie 4. dorso 5. palmo 6. pollice 7. indice 8. medio 9. anulare 10. mignolo.
   Corpo:
   1. testa 2. collo 3. petto 4. spalle 5. braccia 6. avambracci 7. mani 8. gomiti 9. fianchi 10. vita 11. gambe 12. ginocchi 13. piedi.

11 | Alessia

1. **Fisico:**
   tonda, soda, colorita, provvista (di due gambe) corte e solidissime, (occhi) azzurri vivaci mobilissimi, pelata, paonazza.
   Carattere:
   felice, pronta, indaffaratissima, concentrata, (urla) selvagge, aggressiva, testarda, tenace, paziente, fiera, dignitosa.

2. Un anno e un mese.

3. 1 minuto = 60 secondi; 1 ora = 60 minuti; 1 giorno = 24 ore; 1 settimana = 7 giorni; 1 mese = 30, 31 o 28 giorni; 1 anno = 12 mesi; 1 anno = 52 settimane; 1 anno = 365 giorni; 1 semestre = 6 mesi.

177

Descrivere

4. | 1. settimanale 2. mensile 3. quotidiano 4. bimensile 5. bimestrale 6. annuale.

5. | talvolta/qualche volta; ogni tanto/a volte.

6. | 1. hai 2. ha detto... 3. Hanno deciso...

7. | 1. anno 2. hanno... a 3. ha 4. Hai... ha... ai 5. ho... o... o 6. Ho.

12 | La *Lupa*

1. | A-10; B-5; C-7; D-1; E-2; F-3; G-11; H-4; I-12; L-8; M-13; N-6; O-9; P-14; Q-15; R-20; S-17; T-18; U-19; V-16.

13 | Città d'estate

Per comprendere il testo
1. nessun abitante 2. piaceva molto 3. assorbivano il sole 4. senza gente 5. le strade deserte 6. sembrava non passare 7. sono vuote perché tutti sono usciti di città 8. qualche volta 9. del centro 10. gli piacciono i palazzi.

1. | 2. apolitico 3. straricco 4. ambidestro 5. antefatto 6. trilingue 7. bicolore 8. superallenato 9. disonesto 10. discontinuo 11. frapposto 12. straordinaria 13. internazionale 14. ipersensibile 15. ipocalorica 16. rivisto 17. oltrepassare 18. retromarcia 19. premetto.

2. | La parola è **volta** (volte nelle frasi 1 e 11).

4. | 1. Ci hanno chiamato per mostrarci... 2. convincervi 3. Ne ho sentito...dirvi 4. Quante ne vuole? 5. Ci hanno... 6. Gliene parlo subito 7. Te lo dirò... 8. Ce lo disse... 9. Ve lo raccomando.

14 | Una tazza di latte

1. | un'ora = 60 minuti; mezz'ora = 30 minuti; un quarto d'ora = 15 minuti; tre quarti d'ora = 45 minuti.

2. | Mezzogiorno/mezzanotte.

3. | tre e mezzo/tre e trenta; sei e un quarto/sei e quindici; nove e dieci; otto e cinquantacinque/nove meno cinque; sei e cinquanta/sette meno dieci; dodici e cinque; tre e tre quarti/tre e quarantacinque; tre.

4. | undici e quindici/undici e un quarto/ventitré e quindici/ventitré e un quarto; dieci/ventidue; sette e quindici/sette e un quarto/diciannove e quindici/diciannove e un quarto; tre e trenta/tre e mezzo/quindici e trenta/quindici e mezzo.

Soluzioni

5. 1. tardi 2. tardi 3. presto 4. tardi 5. tardi 6. presto
7. Presto 8. presto 9. tardi 10. Presto 11. presto 12. presto.

6. **Prima scenetta:**
Che ora è? Che ore sono? Che ore fai?
Seconda scenetta:
Scusi, che ore sono? Può dirmi che ore sono per favore?
Scusi, può dirmi l'ora?
Terza scenetta:
Le quattro. Non so, ho l'orologio fermo. Le sei, ma il mio
orologio va un po' avanti. Sono le sette. È l'una meno
cinque.
Quarta scenetta:
Le quattro. Sono le sette. Non so, il mio orologio è fermo.
Mi dispiace, sono senza orologio. Certamente, sono le
quattro. È l'una meno cinque.

7.

Raccontare

1 | Nerone e Berta

1. 1. tanto era crudele 2. restare stupiti 3. tanto quanto è lungo 4. riuscire in qualche modo a mangiare due volte al giorno.

2. 1. ... poteva vederlo 2. Portamelo tutto... 3. ... la fa entrare 4. Se lo fa dare... 5. Le dice 6. Lo ringrazia 7. ...non diede loro 8. ... rispondeva loro.

2 | L'automobile incontentabile

1. 1-F; 2-G; 3-H; 4-I; 5-D; 6-L; 7-E; 8-B; 9-C; 10-A.

2. luogo dove si noleggiano/autonoleggio; luogo dove si svolgono gare.../autodromo; veicolo per trasporto.../autocarro; veicolo per il trasporto di liquidi/autobotte; ...per il trasporto collettivo di persone/autobus; posto di ritrovo.../autogrill; dove ci si prepara...patente/autoscuola; strada destinata agli autoveicoli/autostrada.

3.

				¹F	E	R	R	A	R	I	
²R	A	D	I	A	T	O	R	E			
			³P	O	R	T	I	E	R	E	
		⁴P	N	E	U	M	A	T	I	C	I
				⁵F	U	S	O				
⁶M	O	N	T	E	C	A	R	L	O		
				⁷C	A	M	B	I	O		
				⁸T	U	R	B	O			
		⁹V	O	L	A	N	T	E			
			¹⁰S	T	O	P					

4. 1. paraurti 2. parafango 3. ruota 4. cofano 5. deflettore 6. parabrezza 7. abitacolo 8. sedili 9. fanali 10. luci di direzione 11. tergicristallo 12. portiere 13. marmitta 14. tubo di scarico.

3 | Come nelle fiabe

Per comprendere il testo
1V; 2V; 3F; 4F; 5F; 6V; 7V; 8V; 9V; 10V; 11F; 12V; 13V.

1. 1. faccia 2. parlare apertamente 3. non aver particolari riguardi per nessuno 4. di fronte 5. senza inganni 6. non salvare le apparenze 7. avere l'impudenza 8. assumere un'espressione cattiva, minacciosa 9. La cosa cambia aspetto 10. sulla terra 11. essere sfrontati, impertinenti.

3. 1-E; 2-D; 3-A; 4-B; 5-C; 6-L; 7-H; 8-I; 9-F; 10-G.

4 | Una giornata qualsiasi

1. 5-12 e 6-3.

2. **Uffici pubblici:**
Poste - Ufficio delle imposte - Carabinieri - Vigili - Prefettura - Questura - Anagrafe.
Negozi:
lavanderia - macellaio - panettiere - pizzicagnolo - tabaccaio - farmacia - meccanico - elettrauto - gommista - merceria - libreria - cartoleria - giornalaio - lattaio - pescivendolo - fruttivendolo - idraulico - tubista - negozi di abbigliamento - ciabattino - calzoleria.
Studi medici:
dentista - internista - oculista - cardiologo - dermatologo - otoiatra - neurologo.

3. **Luogo:**
lavanderia - farmacia - merceria - libreria - cartoleria - calzoleria.
Mestiere o professione:
macellaio - panettiere - pizzicagnolo - tabaccaio - meccanico - elettrauto - gommista - giornalaio - lattaio - pescivendolo - fruttivendolo - dentista - internista - oculista - idraulico - tubista - cardiologo - dermatologo - otoiatra - neurologo - ciabattino.

4. lavanderia/lavandaio; farmacia/farmacista; merceria/ merciaio; libreria/libraio; cartoleria/cartolaio; calzoleria/ calzolaio; macellaio/macelleria; panettiere/panificio; pizzicagnolo/salumeria; tabaccaio/tabaccheria; meccanico/ officina meccanica; giornalaio/edicola; lattaio/latteria; pescivendolo/pescheria; dentista/studio dentistico; ciabattino/calzoleria.

Raccontare

5. dentista/denti; internista/apparato digerente; oculista/occhi; cardiologo/cuore; dermatologo/pelle; otoiatra/orecchio; neurologo/sistema nervoso.

5 Il rondone

1. 2. il quale 3. del quale 4. per il quale 5. sul quale 6. al quale 7. della quale.

2. 1. che 2. in cui 3. al quale 4. che 5. con cui 6. alle quali 7. di cui... nella qual.

6 Lupi d'Abruzzo

1. 1. quando ci furono le prime nevicate 2. vincere l'avversario 3. irritando, sfidando 4. entrarono con impeto 5. riuscirono a vincere l'orso.

2. 1-C; 2-D; 3-A; 4-B; 5-G; 6-E; 7-H; 8-F.

7 Il bambino che gioca

1. 2. arrivati 3. tornati 4. avvertite 5. abbandonato 6. raccontato 7. chiamato/e 8. chiamato/i 9. state invitate ... volute andare 10. ridotto/i 11. parlato.

2. 2. In che modo 4. Quanto ... in che modo 5. In qualità di 6. in qualità di 7. Perché 9. quanto 10. Quando.

8 Margherita

1. 1. gli 2. Egli 3. Egli... lei 4. Lei... dirgli... fargli 5. lui 6. Vedendoli... mandarlo 7. gli 8. farselo... se ne 9. gli 10. Le ... lo 11. gli ... lo ... la ... si ... balzargli ... lui.

2. 1. in ... da ... nei ... da 2. di 3. da ... ad 4. di 5. di 6. a ... a 7. di ... con 8. nel ... al.

10 Vacanze in montagna

1. affittare/dare in affitto; affittuario/chi ha in affitto; canone d'affitto/prezzo convenuto per l'affitto; contratto d'affitto/accordo...

2. sospettoso, diffidente/fiducioso; opposto, contrario/uguale; demente, pazzo/savio; cara, amata/odiosa; incurante, noncurante/attento; sbalordito, stupito/indifferente; sereno, tranquillo/turbato; ostinato, testardo/malleabile; frivolo, futile/serio.

11 | Come imparai a leggere

2. | 1. da lettera 2. per scrivere 3. di visita 4. di ballo 5. di teatro 6. per cucire 7. per disegnare 8. da mille.

3. | 1. mostrare apertamente le proprie intenzioni 2. dargli l'autorizzazione di prendere qualsiasi decisione 3. fare l'ultimo tentativo 4. cambiare il senso di quanto già deciso 5. avere i documenti richiesti 6. mischiare e distribuire le carte da gioco.

4. | 1. Perché non usavo una penna... e perché preferivo...?
2. Perché c'era quel mare...?

12 | Diario

1. | La mancanza di alcune forme verbali.

2. | Concisione del testo.

Esprimere

1 | Nebbia

2. sommerso, coperto/emerso; grande, ampio/piccolo; piano, liscio/gibboso; unito, compatto/disunito; strano, insolito/normale; piccolo, minuscolo/grande; selvaggio, pauroso/domestico; vano, inconsistente/reale.

2 | Orfano

1. 2. vedova 3. vedovo 4. nubile 5. celibe.

3 | Uccelli al tramonto

Per comprendere il testo
1. sono arrossati 2. passano tra un albero e l'altro 3. mi affascina.

1. 1. eccitati 2. eccitato 3. vivo.

2. 1. Cercate di colpire... 2. Tendere a... 3. Aspirare a... 4. Ammirate.

4 | Soldati

1. 1. si 2. si 3. si 4. si ... sé 5. sé ... si 6. si ... si ... 7. sé 8. sé ... sé.

5 | C'era una volta

1. verde/vista; dolce/tatto; fievole/vista.

2. figurato.

3. dolce, gradevole/amaro; remoto, lontano/vicino; fievole, debole/forte.

4. 1. Gli anni della gioventù... 2. La legna non secca... 3. ... di zone con piante 4. ... clima mite 5. occhi che mostrano tenerezza e desiderio 6. ... comoda e ricca 7. In aprile si ha voglia di dormire.

6 | Il torrente

1. | 1. senza alcun giaciglio 2. senza strumenti ottici 3. disadorna 4. senza finzioni 5. scoprire una cosa nascosta.

2. | 1-E; 2-G; 3-A; 4-B; 5-C; 6-D; 7-F.

7 | Apro la mia finestra

1. | sole/azzurro; cielo/rosso; oliveti/porpora; oleandri/argento.

2. | sole/rosso; cielo/azzurro; oliveti/argento; oleandri/porpora.

8 | Come il tempo

1. | 1. confine fra terra e cielo 2. in linea retta 3. lineamenti delicati 4. ... per non ingrassare 5. delimitazione del campo di gioco 6. senza deviare 7. in fila 8. completamente 9. servizio di comunicazioni ferroviario 10. in contatto, all'apparecchio.

4. | la terranno rinchiusa ... sarà morta.

5. | laggiù; quassù.

9 | Per un bel giorno

2. | leggero, lieve/pesante; nuda, spoglia/vestita; bruna, scura/chiara; fugace, fuggevole/persistente.

10 | Il mare è tutto azzurro

1.

```
            ¹L  I  R  I  C  A
         ²R  I  M  A
   ³A  S  S  O  N  A  N  Z  A
   ⁴S  T  R  O  F  A
         ⁵E  P  I  C  A
         ⁶C  A  N  T  O
⁷Q  U  A  R  T  I  N  A
         ⁸S  E  T  T  E  N  A  R  I  O
   ⁹V  E  R  S  O
```

11 | Nel bosco

1. | **Vista:** bosco - mattino - luce - fragole - rosse.
Udito: musica - sussurro - parole.
Gusto: fragole.
Olfatto: —
Tatto: tenera - aria.

2. | 1-D; 2-A; 3-F; 4-B; 5-C; 6-E; 7-L; 8-G; 9-H; 10-I.

185

Esprimere

12 | Serenate

2. 1. si andava a fare serenate 2. camminavano lungo strade...

3. 2. nel 3. alle 4. in 5. di 6. in.

4. 2. luogo di cura 3. sede di una radio 4. distributore di benzina.

13 | Per la pace

3. 1. dal Parlamento/7 anni 2. dalla Camera dei deputati e dal Senato della repubblica 3. dai cittadini 4. 5 anni.

14 | Batte la luna soavemente

1. La luna illumina... il mio vaso di primule; i raggi della luna colpiscono... il mio vaso...

15 | Il gabbiano

1. «Guarda quel gabbiano» - «No, no, laggiù sulla spiaggia» - «Gli hanno tagliato le ali, roba dell'anno scorso» - «E chi è che gli ha tagliato le ali?» - «Boh... dei ragazzi».

2. 2. Si crede importante 3. Non ha cura dei suoi beni (abiti, libri ecc.) 4. Le faccende domestiche 5. La situazione peggiora velocemente 6. Auguri, buona fortuna 7. Prima di tutto 8. Più di tutto 9. Chiarire una faccenda 10. Fare le cose con gran pompa, con grandi mezzi 11. Il fatto compiuto pone fine alla discussione.

16 | La storia

1. 1. la lezione 2. Lo studio del regno animale, vegetale, minerale 3. sarà ricordato 4. raccontare frottole 5. favole 6. Smettila di ripetere le stesse cose 7. senza discutere.

17 | Ragazzo mio

1. 1. Aveva grandi progetti 2. Vogliono che tu non realizzi la sua umanità 3. Senza la forza per agire 4. Sono le prime vittime delle avversità 5. Non occuparti delle sorti del mondo e non chiuderti nei tuoi problemi personali 6. Sognare illusioni 7. Essere un sognatore.

2. 1. fabbricare 2. eseguire 3. esercitare 4. sostenere 5. tagliare 6. radere 7. dipingere 8. comporre 9. percorrere 10. scattare 11. stipulare 12. frequentare.

Conversare

1 | Un equivoco

2. 1. orologio dal movimento regolato dalle oscillazioni di un pendolo 2. che pende 3. sospeso 4. ciondolo, monile che pende 5. luogo in pendenza 6. movimento oscillatorio/lavoratore che raggiunge ogni giorno il luogo di lavoro, fuori del proprio comune di residenza 7. inclinazione/vertenza in sospeso, conto non saldato 8. uccello che costruisce un caratteristico nido a forma di fiasco pendente dagli alberi.

3. 1. guardandolo 2. facendola 3. scoprendolo 4. scrivendolo 5. colpendolo.

2 | Salvataggio

1.

¹T	E	R	R	E	M	O	T	O	
	²I	N	O	N	D	A	Z	I	O	N	I
		³V	A	L	A	N	G	H	E
⁴N	U	B	I	F	R	A	G	I	O
⁵F	R	A	N	E					
⁶M	A	R	E	M	O	T	O		

2. 1. che permettono di udire e vedere contemporaneamente (cinema - televisione) 2. l'insieme dei veicoli usati per il trasporto di persone e cose 3. ciò che serve a soddisfare le necessità della vita 4. impianti e macchinari usati per la produzione.

3. 1-D; 2-A; 3-B; 4-C.

Conversare

3 | La telefonata

1. | «Credo stia bene, forse meglio di prima» - «Forse più di prima... d'intendere».

2. | 1. Allora, Franco, andiamo al cinema dopo mangiato?/ D'accordo, ci troviamo al solito bar 2. Vado al cinema con gli amici/Va bene, ma torna per l'ora di cena 3. C'è un bel western al Metropol e un giallo al Capitol.../Dove andiamo? 4. Tutti all'Astoria allora! 5. Ti avevo detto di essere a casa per cena!/Scusa, ma lo spettacolo è stato più lungo del solito.

4 | Renzo e Musetta

1. | zio/fratello del padre o della madre; nipote/figlio del figlio o della figlia, figlio del fratello o della sorella; nonno/padre del padre o della madre; cugino/figlio dello zio o della zia; cognato/marito della sorella; cognato/ fratello del marito o della moglie; suocero/padre del marito o della moglie; nuora/moglie del figlio; genero/ marito della figlia.

2. | Voi come vi chiamate? Lei come si chiama? Lui come si chiama? Loro come si chiamano? Esse come si chiamano?

6 | Intervista a un campione

1. | 1. Un'indagine per capire che cos'è lo sport in Italia 2. godere del favore generale 3. rispetto chi fa footing, ma il professionismo è un'altra cosa 4. occupate tutto lo spazio dei giornali 5. vogliono conoscere la tua vita privata 6. è sempre esposto alla curiosità di tutti 7. deve stare attento all'immagine che dà di sé.

2. |

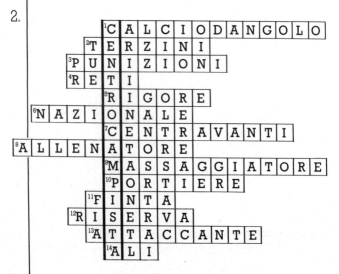

3. | 1. imparassi 2. impari 3. fosse 4. faccia/facessi 5. fossero 6. fosse.

7 | Sciopero dei telefoni

3. | 1-M; 2-C; 3-A; 4-I; 5-H; 6-G; 7-E; 8-L; 9-B; 10-D; 11-F.

8 | Discorsi fra ragazzi

4. | aver/avere; gran/grande; par/pare; val/vale; credon/credono; svelar/svelare.

9 | Il paese con l'esse davanti

1. | 1. continuando a viaggiare 2. che tipo di paese è questo 3. smettere di fare la guerra.

3. | 1-E; 2-A; 3-B; 4-F; 5-C; 6-D.

4. | a - bi - ci - di - e - effe - gi - acca - i - elle - emme - enne - o - pi - cu - erre - esse - ti - u - vu - zeta.

5. | **Determinativi:**
l'eroe - lo pseudonimo - lo psicologo - lo schiavo - lo zaino - il bambino - l'albero - il temperino - lo "stemperino" - gli indiani - i cani - gli italiani - i vestiti - gli scienziati.

Indeterminativi:
un eroe - uno pseudonimo - uno psicologo - uno schiavo - uno zaino - un bambino - un albero - un temperino - uno "stemperino" - un indiano - un cane - un italiano - un vestito - uno scienziato.

Informare

1 | L'etologia

psicologia - pedagogia - nevralgia - mineralogia - neurologia - archeologia... (Appartengono al campo della scienza).

2. | Studiare etologia.
4. | presente.

2 | La lingua

3. | 1. quello ... quello 2. quella 3. quello ... quello 4. da quelli.

3 | La TV

3. | abitudine/abitudinario; televisione/televisivo; rassegnazione/rassegnato; uniformità/uniforme; gergo/gergale; dialetto/dialettale; alcool/alcolico; mondo/mondano; cultura/colto; figlio/filiale.

4. | 1c; 2c; 3c; 4s; 5c.

4 | Si dirigono in Brasile in cerca di pepite d'oro

1. | Ai cercatori d'oro.
2. | Per dare il senso dell'esperienza diretta.

5 | "Abbiamo visto una Terra-pattumiera"

1.

190 | 2. | 1. Il primo 3. no.

6 | Una settimana caldissima

3. ultimo/primo; sopra/sotto; diminuzione/aumento; superiore/inferiore; caldo/freddo; settentrionale/meridionale; diminuire/aumentare; facile/difficile; aumento/diminuzione; molto/poco; abbondante/scarso.

4. superiori ai - molto al di sopra dei - più calda - molto abbondanti - leggerissima - maggiormente interessante.

7 | Per una gita

1. presente.

4. 1. al 2. di ... di 3. ai 4. di 5. di ... per 6. in ... da.

8 | Lettera al giornale

2. 1. Barba e capelli... 2. sfumatura 3. frizione ... lozione 4. spuntatina 5. taglio 6. basette ... barba.

9 | La piccola pubblicità

2. 1. che non deve fare il servizio militare 2. con due camere 3. che ha buone referenze 4. dotata di vari accessori 5. che ha due appartamenti.

10 | La pubblicità

1. 2.a. Andare alla radice del problema b. andare c. affrontare la causa prima del problema d. con Neril si sconfiggono le cause della caduta dei capelli.
3.a. l'appetito vien mangiando b. scolando c. quanto più si ha, tanto più si vorrebbe avere d. i sottaceti stimolano l'appetito e rendono gradevole il pasto.
4.a. essere a cavallo b. — c. essere nelle migliori condizioni possibili per superare una prova d. con Atala si supera ogni difficoltà.

3. 1. tessuti morbidi che tengono caldo 2. prodotto che non solo pulisce ma anche lucida 3. mezzi di trasporto comodi e veloci.